즐거운 **축구 교실**

즐거운 축구 교실

글 미셸 데조르드 | 그린 로랑 오두앵, 뱅상 대플랑슈, 뱅자맹 블루, 장피에르 조블랭 옮긴이 정수민

 북스힐

Copain du foot
Written by Michel Deshors
Illustrated by Benjamin Flouw
Copain du foot © Éditions Milan, France, 2019
© 2024, Book's Hill. For the Korean edition

즐거운 축구 교실

초판 인쇄 2026년 3월 20일
초판 발행 2026년 3월 25일

글 미셸 데조르
그림 로랑 오두엥, 뱅상 데플랑슈,
　　　뱅자맹 플루, 장피에르 조블랭
옮긴이 정수민
펴낸이 조승식
펴낸곳 도서출판 북스힐
등록 1998년 7월 28일 제22-457호
주소 서울시 강북구 한천로 153길 17
전화 02-994-0071
팩스 02-994-0073
인스타그램 @bookshill_official
블로그 blog.naver.com/booksgogo
이메일 bookshill@bookshill.com

값 20,000원
ISBN 979-11-5971-748-2

* 잘못된 책은 구입하신 서점에서 교환해 드립니다.

역자 정수민

연세대학교에서 불어불문학 및 유럽지역학을 전공했다. 졸업 후 파리에 있는 고등연구실습원(Ecole Pratique des Hautes Etudes)에서 고고미술사학 석사 학위를 취득했다. 바른번역 소속으로 번역 및 집필 활동을 하고 있으며, 옮긴 책으로는 『오늘도 멋진 생각이야!』『오늘도 뇌는 거짓말을 한다』『내 형제 네안데르탈인』『프랑수아 모리아크의 예수』『숫자를 사용한 조작의 역사』『만화로 보는 토마 피케티의 자본과 이데올로기』 등이 있다.

차례

축구의 세계

축구라는 스포츠는 서서히 세계를
정복해 수백만 명 팬들에게 숭배와
열정의 대상이 되었다. 축구가
탄생한 곳은 19세기 말 영국이었다.

공놀이

전 세계 축구 선수들은 축구공을 갈망한다. 축구공은 둥글고, 매우 부드러운 합성 소재로 되어 있다. 그렇기 때문에 이 공이 어디로 튈지 우리는 알지 못한다. 수 세기 동안 사람들은 공을 정복하기 위해 노력했고 같은 목표를 가진 적들을 이기기 위해 골을 넣는 노력을 했다.

오래된 가죽 공이 잔디밭에서 증손자를 만났을 때

가죽으로 만든 공

잘 알려진 대로 축구는 19세기에 탄생했지만, 공을 가지고 노는 행위는 이미 4,000년 이전부터 존재해왔다. 처음에는 나무 공이나 가죽 공, 돼지 방광 혹은 양 방광 안에 건초, 곡물 또는 짚을 넣어 매듭지은 넝마를 채워 공으로 썼다. 그리고 나중에는 공기를 채워 넣어 꿰맨 돼지 방광을 사용했고, 마침내 가죽 공을 사용하게 되었다.

발은 안 돼!

고대 및 중세 시대, 그리고 그 이후 대부분 공놀이는 손을 사용하였다. 발은 움직이는 데만 사용했고 조직화된 스포츠에서 공과 발이 협력하게 된 것은 19세기 말부터였다.

고대 시대

2,000년 전 중국에는 축국이라는 놀이가 존재했다. 깃털과 머리카락으로 채운 가죽 공을 발로 차서 작은 그물에 넣는 놀이였다. 또한 고대 이집트, 고대 그리스와 로마에서도 발로 하는 공놀이가 존재했다는 흔적을 찾을 수 있다. 그리스인들은 아포락시스와 파이닌다라고 불리는 놀이를 하였고 로마인들은 삼각형 모양으로 하는 일종의 핸드볼인 트리곤과 매우 격렬한 발리볼인 하르파스톤을 하였다. 호메로스 《오디세이아》에서도 공놀이를 했다는 기록이 등장한다.

프랑스 전통 공놀이 '술'은 마을 우위를 정하는 게임

중세 시대 남자들은 마을 주도권을 잡기 위해 이웃 마을에 대항하여 '술'이라는 전통 공놀이를 하였다. 시골 전역에서 일어난 이 전투에 뛰어들기 위해서는 엄청난 용기와 강인한 신체, 높은 자긍심 때로는 무모함까지도 가지고 있어야 했다.

공을 뺏기 위해서는 신체 모든 부위 사용 가능

이 경기는 건초와 밀로 채워진 돼지 방광이나 나무 공, 또는 천 뭉치 같은 공을 묘지, 교회 앞 광장, 집처럼 마을의 지정된 장소로 가져오면 승리하는 것이다. 골을 넣기 위해 공을 빼앗거나 공을 지키기 위한 모든 종류 몸싸움은 허용되었다. 경기는 며칠 동안 지속되기도 했다. 경기가 끝난 후에는 들판과 숲, 개울과 연못 등 마을 곳곳에서 수많은 부상자가 생겼다!

왕의 이름으로 금지되다

공공질서를 어지럽힌다는 죄목으로 술은 왕의 칙령에 의해 종종 금지되기도 했지만 효과는 없었다. 1440년 브리타니의 트레기에 지방 주교는 술에 참가하는 모든 선수들을 파문하겠다고 경고했다. 그럼에도 불구하고 사람들은 이 지역에서 19세기 말까지도 좀 더 완화된 형태로 계속해서 술을 행했다.

손을 쓰는 제멋대로 게임

1883년 영국 클럽 간 경기: 골 높이를 기록하라!

축구와 럭비는 현재 각각의 규칙을 가지고 있고 또 서로 다른 공을 사용하지만, 항상 그랬던 것은 아니었다.

영국인 발명가들

19세기 초 영국 어느 중학교에서 공놀이가 열렸다. 규정된 규칙 없이 그들은 손과 발을 사용하여 게임을 즐겼다. 1823년 11월 어느 날, 럭비라는 도시의 한 중학생이었던 윌리엄 웹 엘리스는 손으로 공을 잡고 경기장을 넘어 골을 넣게 되었다. 그는 게임에 혁명을 일으켰고 그 행동은 2가지 다른 스포츠 탄생의 기초를 만들었다. 바로 손을 사용하는 럭비와 축구 조상인 드리블 게임이다.

드리블과 축구

영어에서 기원한 바스켓볼(농구), 베이스볼(야구), 발리볼(배구), 그리고 독일어에서 기원한 핸드볼은 공이라는 고유명사와 특정한 고유명사가 연결된 팀 스포츠 이름이다. 그런 방법으로 드리블이 풋볼(축구)이 되었다. 반면 윌리엄 웹 엘리스의 발명품은 런던에서 북서쪽으로 150km에 위치한 럭비라는 작은 마을 이름을 딴, 고유한 이름을 가진 유일한 팀 스포츠인 럭비로 탄생하였다.

초기 규칙

1848년 영국 중학교 대표들은 축구 규칙을 정하기 위해 케임브리지에 모였다. 경기 중에 손을 쓰는 것이 실제로 금지된 것은 그보다 일 년이 지난 뒤였다. 14개 항목이 포함된 첫 번째 규칙이 생긴 것은 1863년이다. 경기장 크기는 아직 정해지지 않았고, 윤곽도 구체화되지 않았다. 그 이후로도 경기 규칙은 조금씩 개선되기 시작했다. 2000년에 제정된 마지막 규칙은 골키퍼에게 공을 다시 플레이하도록 주어진 6초의 시간이다.

1886년에 사용한 부피가 큰 공

규칙

FIFA가 축구 경기 진행을 규제하는 17개 규칙을 제정한 것은 1938년이다. 이 규칙은 그 이후로 거의 변하지 않았다.

11명의 선수

1899년 경기에 참가하는 선수는 11명으로 결정되었지만, 부상당한 선수를 교체하는 일은 1958년이 되어서야 허용되었다. 심판 지위는 1890년에 인정되었지만 복장은 규정되지 않았고 1919년부터 심판과 선수들이 구분되기 시작했다. 1913년까지 골키퍼는 경기장 반에 해당되는 자기 편 진영에서 손으로 경기할 수가 있었다! 축구 경기에서 매우 중요한 오프사이드 규칙은 1863년에서 1990년까지 7번 수정되었다. 코너킥은 1873년에, 페널티킥은 1899년에 탄생했다.

경기장은 어떻게 변화했을까!

초기에는 최대 길이 182m 폭 92m와 같이 매우 다양한 크기 경기장에서 축구 경기가 열렸다. 골대 폭은 오늘날보다 더 좁은 5.49m였지만 끈으로 만들어진 높이는 5.50m에 달했다. 1875년 크로스 바는 현재와 같은 높이인 2.44m였고 1891년에 골대 기둥에 최초로 그물이 걸렸다. 1899년에는 경기장 최종 크기가 고정되었고, 1902년에는 경기장 구역 경계를 설정하던 고랑을 없앴다.

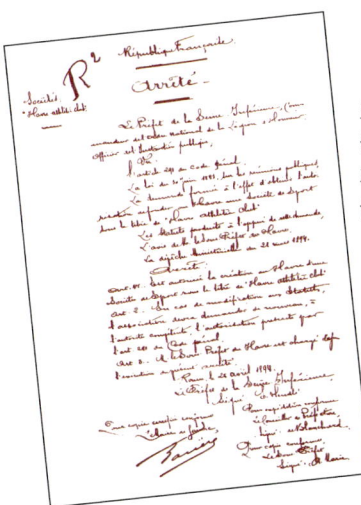

르 아브르 아틀레틱 클럽 창설을 확인하고 회원을 받을 수 있는 권한을 부여하는 현령

1910년 로마에서 열린 이탈리아와 프랑스 경기

둥근 공

최초의 현대적 축구공은 손으로 꿰맨 가죽으로 만들어졌다. 거의 방수가 되지 않아서 경기 중에 압력이 빠져나갔고 물이 잘 스며들었기 때문에 비가 오면 무거워졌다. 최초의 하얀 공은 1951년에 등장했다. 그 후로 색을 입힐 수 있었고, 방수 기능으로 인해 같은 무게를 변함없이 유지할 수 있게 되었다.

2억 명의 팬들

축구는 세계에서 가장 인기 있는 스포츠이자 사람들이 가장 많이 즐기는 스포츠이다. 국제 축구 연맹인 FIFA에는 211개국이 가입했고, 이는 UN에 가입한 회원국보다 더 많은 숫자다!

오래 즐길 수 있는 놀이

축구는 클럽, 학교, 기업 심지어 교도소에서도 이루어진다. 누구나 즐길 수 있는 평화 요소인 축구는 세계 모든 경기장에서 둥근 공이라는 같은 언어를 사용하는 모든 사람들 사이의 연결 고리이다. 당신은 6세부터 축구를 시작할 수 있고 건강을 유지한다면 60세까지도 축구를 할 수 있을 것이다.

북중미카리브축구연맹
CONCACAF 마이애미, 미국

남미축구연맹
CONMEBOL, 리케,
파라과이

보카 주니어스와 붙은 에스투디안테스 경기는 남미의 인기 있는 클래식 경기라고 할 수 있다.

아프리카의 패권을 차지하기 위한
카메룬과 코트디부아르 전투

5개의 대륙에서

축구는 국제축구연맹FIFA이라는 자신만의 행정 체계를 가지고 있다. FIFA는 각
대륙에서 열리는 국제 경기를 주관하는 6개 대륙별 연맹에 근거한다. 유럽의
유럽축구연맹UEFA, 북중미와 카리브해를 관장하는 북중미카리브축구연맹CONCACAF,
남미의 남미축구연맹CONMEBOL, 아프리카의 아프리카축구연맹CAF, 오세아니아의
오세아니아축구연맹OFC, 그리고 아시아의 아시아축구연맹AFC이다.

유럽축구연맹UEFA,
니옹, 스위스

아프리카 축구연맹CAF,
카이로, 이집트

아시아축구연맹AFC,
쿠알라룸푸르,
말레이시아

오세아니아축구연맹OFC,
오클랜드, 뉴질랜드

아시아에서 축구는 스포츠이자 정치적인
사건과도 같다: 2000년 한국과 중국 경기

유럽축구연맹 UEFA

유럽축구연맹은 1954년 창설되었다.
55개 회원국, 24만 4천 개 클럽,
1,850만 명의 등록선수들이 속해
있는 유럽축구연맹은 가장 중요한
연맹이라고 할 수 있다. UEFA 유럽
축구 선수권 대회와 챔피언스 리그,
UEFA 유로파리그를 주관한다.

국제축구연맹 FIFA

1904년 창설된 FIFA는 세계 축구를
지배하는 기술 및 법적 기관이다.
FIFA의 힘은 대륙 및 국가 연맹을
통하여 축구 전반에 걸쳐 확장된다.
FIFA는 개최국이 지명된 후 4년마다
월드컵을 조직하며 세계 청소년
축구 대회 및 여자 축구 대회 또한
관리한다.

유럽 축구 주요
국가인 영국과
크로아티아

어느 곳에서든
즐길 수 있는 스포츠

대표적인 야외 스포츠인 축구는 어떤 땅이든
어떤 시간이든 상관없이 즐길 수 있는
스포츠이다. 전 세계에서 매분마다 수십
개 경기가 시작되고 또 끝이 난다. 그리고
매초마다, 수십 개 공이 네트를 가른다!

잔디는 마치 경기장의 카펫과 같다.

잔디와 모래

축구 경기장은 공식적으로 잔디로 이루어져
있지만, 모든 클럽이 다 잔디 구장을 소유하는
것은 아니다. 따라서 모래나 시멘트, 또는 나무,
라테라이트(아프리카에서 나는 적토) 같은
물질로 된 경기장, 심지어 모래사장과 같은
땅에서 경기가 열리기도 한다.

평평한 땅에서 축구를 하는 것이 항상
편하기만 한 건 아니다!

장갑, 스파이크 신발, 그리고 오렌지색 공. 눈 오는 날에 축구를
하기 위해 필요한 것들

눈, 그리고 색깔 축구공

눈이 덮인 땅에서 경기할 때에는 색깔이 있는
석회로 경기장 라인을 긋고 오렌지색 공을
사용한다! 스칸디나비아와 러시아에서는
여름까지 기다려야만 챔피언십에 출전할 수
있다. 또한 노르웨이에서는 프랑스 챔피언십이
진행되는 10일 동안 우승자를 가른다. 이러한
기후적 제약으로 인해 휴가 기간 동안 경기를
해야 하기 때문에 유럽축구선수권대회에
출전하기가 어렵다.

라테라이트와 바오밥나무

아프리카를 불안하게 만드는 전쟁과 해방의 격변에도 불구하고, 아프리카는 축구에 대한 진정한 열망을 가진 축구의 고장이다. 다카르, 로메, 아크라, 라고스, 아비장 또는 카사블랑카와 같은 대도시에서는 수십 명의 어린이들이 축구에 몰두한다. 맨발로 운동화나 스파이크를 신은 아프리카 어린이들은 마치 작은 마술사처럼 저글링하고, 드리블하며 축구를 즐긴다.

속임수

텔레비전은 국경을 뛰어넘는다. 텔레비전 화면 앞에 앉은 아프리카 어린이들은 아스널, 마르세유, 마드리드, 밀라노 같은 곳에서 뛰고 있는 선배들의 활약을 응원한다. 어린이들은 학교나 가족을 떠나더라도 선배들을 따라 축구의 나라에 망명하여 사는 절실한 꿈을 꾼다. 하지만 조심해야 할 것은, 프로 축구 세계로 들어가길 원하는 사람은 많지만 선택받는 사람은 거의 없는 냉혹한 세계라는 것이다. 만약 이 글을 보는 당신이 아프리카의 재능 있는 소년 중 한 명이라면, 꿈을 지키는 동시에 냉정함을 배우고, 학교를 떠나서는 안 될 것이다.

자갈밭에서 맨발로 경기하는 중, 열정이 환경을 이길 때

아프리카 땅에서

아프리카 대륙에서 첫 번째로 월드컵 경기가 열린 곳은 바로 2010년 남아프리카공화국이다.

올림픽 챔피언!

각 나라 챔피언십에서 뛰던 우수한 선수들을 유럽, 중동에 빼앗긴 후로 아프리카 국가 대표팀은 세계적인 경쟁자들과 어깨를 나란히 할 수준까지 도달하였다. 1996년 미국 애틀랜타 올림픽에서 나이지리아는 금메달을 거머쥔 최초 아프리카 국가가 되었다.

미국 애틀랜타에서 열린 올림픽에서 올림픽 역사상 처음으로 금메달을 딴 아프리카 국가인 나이지리아

국경 없는 경기

프로 축구 세계에서 국경은 더 이상 존재하지 않는다. 선수들은 유목민처럼 그들의 나라를 떠나 바다와 대양, 산을 가로지르며 자신들의 재능을 뽐낸다.

돈에 따라 움직이는 선수들

축구는 볼거리이자 시장이기도 하다. 몇몇 클럽은 수익성 있는 투자를 찾는 사업가들에 의해 운영된다. 선수들 능력은 상품가치가 되고, 가장 돈이 많은 클럽이 가장 뛰어난 선수를 구매한다. 뛰어난 선수를 원하는 클럽은 매우 많다. 따라서 그 선수들은 경기를 덜 할 수밖에 없는 위험을 무릅쓰고라도 오퍼를 따라 클럽을 자주 옮기는 일을 주저하지 않는다.

아버지의 뒤를 따라 20년 뒤 마르세유에서 성공한 가나인 앙드레 아유

외국인 용병 클럽?

2004년 벨기에컵 결승전에서 안더레흐트와 맞붙은 베베런 팀 선수들은 아비장 유명 축구 클럽 출신인 11명의 코트디부아르 선수들이었다.

위대한 여행가

프랑스 축구 선수인 니콜라 아넬카는 8개 클럽에서 11시즌 동안 뛰었다. 프랑스 파리 생제르맹, 영국 아스널, 스페인 레알 마드리드, 또다시 파리 생제르맹(2회), 영국 리버풀, 영국 맨체스터 시티, 터키 페네르바흐체, 영국 볼턴, 영국 첼시, 중국 상하이 선화, 그리고 이탈리아 유벤투스

여러 국적 선수들

1995년 벨기에 축구 선수인 보스만은 프랑스 클럽인 됭케르크 이적을 거절당했다. 됭케르크 팀에서는 외국인 쿼터를 이미 소유하고 있었기 때문이다. 그는 유럽 재판소에 제소했고, 유럽 재판소는 그의 손을 들어주었다. 축구 선수들은 유럽 연합 내에서 자유롭게 이동할 수 있는 노동자이기 때문이다. 이후에도 여러 선수들에게 그들을 외국인으로 간주하지 말라는 판결이 나왔다. 그렇기 때문에 잉글랜드 팀에서 프랑스인 3명, 덴마크인 2명, 세네갈인 2명, 중국인 1명, 아일랜드인 2명, 그리고 이탈리아인 1명이 합법적으로 경기에 출전할 수 있는 것이다. 이것이 바로 축구의 세계화이다!

레알마드리드는 계속해서 유럽 승자로 군림하고 있다.

에이전시 역할

프로 선수들은 에이전시와 연결되어 있다. 에이전시는 선수들의 커리어를 잘 관리하는 책임과 함께 더 나은 미래와 높은 연봉을 제시하는 클럽을 찾도록 도와준다. 이적할 때마다 선수와 에이전시는 상당한 보너스를 받는다. 시즌이 끝날 때 그리고 겨울철 휴식 기간 이렇게 두 번 이적 기간이 있기 때문에 어떤 선수들에게 있어서 그 시간은 축구 윤리와 상관없이 많은 돈을 벌 수 있는 유혹의 기회이기도 하다.

음바페, 파리 생제르맹과 계약하다

부자 클럽의 행복

지난 수년 동안 우리는 영국, 이탈리아, 스페인뿐만 아니라 프랑스, 독일, 스코틀랜드, 우크라이나 그리고 러시아에 있는 지구상에서 가장 부유한 클럽이 좋은 선수들을 싹쓸이해가는 것을 목격해왔다. 축구 선수들의 자유로운 이동과 고액 연봉은 상대적으로 돈이 없는 여러 클럽들을 사라지게 만들었다. 그 이후로 유러피언컵(이후 UEFA 챔피언스리그로 개칭)이나 자국 리그 챔피언십에서 8강에 진출하는 팀들은 거의 항상 정해져 있는 폐쇄적인 구조가 되었다.

탄력적인 계약

명문 클럽에 진출하려는 야망을 가지거나 소속 클럽에서 더 높은 연봉으로 협상하고자 하기 때문에 계약을 끝까지 체결하려는 유명 선수들은 거의 없다. 종종 클럽과 선수들의 의견이 맞는 경우도 있지만, 갈등이 발생할 경우, 권한을 가진 기관의 조정을 받아야 한다.

아다 헤게르베르그는 2018년 첫 여자 발롱도르를 수상한 노르웨이 여자 축구 선수이다.

여자 신체에 맞게 적응하는 축구

여자 축구는 여자 선수들 외형에 맞게 변형되었다. 남자들보다 신체가 덜 발달하고 또 느리기는 하지만 여자 선수들은 기술을 중요시 여기고 공간을 더 많이 사용하는 경기를 한다.

7명이 뛰는 혼성 축구

13세에서 16세까지 범주에 들어가 있는 어린 선수들은 원래 경기장보다 반 정도 작은 사이즈에서 7명이 경기를 한다. 그보다 어린 선수들은 소년들과 함께 경기를 한다.

2011년 월드컵 결승에서 맞붙은 일본과 미국

여자 축구는 어떨까?

여자들은 마침내 사회로부터 축구할 수 있는 권리를 부여받았다. 여자들은 좋은 기술과 고도의 전략이 요구되는 축구 경기에서 탁월함을 발휘한다.

기나긴 여정

여자들 역시 19세기 말부터 축구를 시작했다. 그러나 남자가 주를 이루는 사회에서 보기에는 이것을 '비정상'으로 여겼기 때문에, 유럽과 전 세계에서 첫 번째 여자 축구 경기가 빛을 보기까지 무려 1세기의 시간을 더 기다려야 했다. 그 후로 여자 축구는 자체 챔피언십을 만들고 훌륭한 선수들을 키워서 수많은 관객들을 사로잡고 있다.

사커 여왕

전 세계적으로 여자 축구 등록 선수는 2천만 명 정도가 존재한다. 신기하게도, 아메리칸 풋볼과 야구, 농구가 주를 이루는 미국은 남자 '사커'는 성공한 적이 없는 반면, 세계 여자 축구를 지배하는 나라이다. 또한 스칸디나비아 국가들 역시 여자 축구가 매우 발달한 나라이다. 스칸디나비아의 여자 축구는 수많은 스폰서를 유치하고 관객들로 경기장을 가득 채운다.

유럽 여자 축구 선수권 대회

1997년부터 4년마다 45개국 사이에서 선발된 12개 팀이 경기를 펼친다. 독일이 현재까지 9번의 챔피언십에서 6번이나 우승을 독점했다. 유일하게 노르웨이와 스웨덴만이 독일 우승을 막은 경험이 있다.

추격자 프랑스

독일, 스칸디나비아 국가, 미국과는 반대로 프랑스에서는 오랫동안 여자 축구 성적이 좋지 않았다. 프랑스 여자 축구팀은 최근 월드컵 준결승에 진출하고 올랭피크 리옹, 파리 생제르맹과 같은 야심찬 클럽을 배출하는 등 여자 축구 강대국들 사이에서 점차 자리를 잡고 있다.

독일, 2016년 리우데자네이루 올림픽 챔피언

유럽 베스트 팀

올랭피크 리옹 여자 축구팀은 유럽 여자 축구를 지배하고 있다. 프랑스 리그에서 2007년부터 2019년까지 연속으로 13회 우승을 차지했을 뿐만 아니라 유럽 선수권 대회에서 2011년, 2012년, 2016년, 2017년, 2018년 그리고 2019년에 6번 우승을 차지했다. 수많은 남자 축구 클럽들의 질투를 불러일으키는 우승 기록이다.

2014년 챔피언스 리그 경기 중 열린 리옹과 브레시아의 치열한 전투

2008년 베이징 올림픽 개막식 행사

올림픽

공식적으로 올림픽이 시작한 1908년 이래로 축구는 올림픽이라는 세계적인 스포츠 이벤트의 주요 종목 중 하나가 되었다.

4년마다 열리는 올림픽

올림픽은 4년마다 열린다. 2년간의 예선 끝에 출전한 국가만이 올림픽 토너먼트에 참가하며, 현재 남자는 16개 팀, 여자는 12개 팀이 참가한다. 올림픽 우승 타이틀은 자국 올림픽 선수단의 일원으로서 자랑스럽게 여기는 스타들을 포함하여 전 세계 축구 선수들이 부러워하는 최고 타이틀이다. 실제로 23세 이상 선수는 와일드 카드로 3명까지만 올림픽 토너먼트에 참가할 수 있다.

브라질 팀에서 올림픽 챔피언이 된 네이마르

아마추어와 프로

매우 오랜 시간 동안 아마추어에게만 열려있던 올림픽 토너먼트였지만, 이제는 프로 선수들도 참가할 수가 있다. 이전의 아마추어리즘은 선수(정부 직원, 군인, 공무원 등)들이 축구를 하면서 월급을 받지 않고 프로로 간주되지 않는 북유럽이나 동유럽과 같은 나라를 선호했다. 이제는 거의 모든 국가에서 선수들에게 월급을 지급하고, 올림픽 토너먼트는 훨씬 개방되었다.

많은 메달을 땄지만, 축구에서는 없었다.

중국은 2008년 100개 메달(금메달 51개, 은메달 21개, 동메달 28개)을 거머쥐며 '자국'의 올림픽을 지배했다. 그러나 축구에서는 메달이 없었다. 2012년 런던 올림픽에서 대한민국 남자 축구팀이 동메달, 여자 축구팀에선 일본이 은메달을 차지했다.

아프리카와 아메리카

1996년에는 나이지리아가, 2000년에는 카메룬이 유럽과 남미의 강호를 꺾고 아프리카 대륙에 올림픽 우승이라는 쾌거를 안겼다. 그 후 열린 세 번의 올림픽에서는 아르헨티나가 두 번, 다음으로는 멕시코가 올림픽 경기의 최종 우승자가 되었다.

1996년 나이지리아가 아프리카 국가로는 처음으로 올림픽 챔피언이 되다.

2012년 런던 올림픽에서 멕시코가 브라질을 상대로 올림픽 챔피언이 되었다.

올림픽에는 여자 축구도 있다

여자 축구 역사상 처음으로 1996년 애틀랜타 올림픽 때 여성 축구 종목이 들어갔다. 8만 명을 가득 채운 경기장에서 주최국인 미국이 우승을 거머쥐었고, 2004년, 2008년 그리고 2012년에도 미국은 올림픽 챔피언이 되었다.

우승국 리스트

	남성	여성
2016년	브라질	독일
2012년	멕시코	미국
2008년	아르헨티나	미국
2004년	아르헨티나	미국
2000년	카메룬	노르웨이
1996년	나이지리아	미국
1992년	스페인	
1998년	소련	

동지애의 매개체, 스포츠

스포츠, 그리고 특별히 수백만 명
선수와 팬들이 함께 하는 축구는
대륙과 나라, 사람들 간 동지애를
이루는 환상적인 매개체이다.
그 어떤 것도 축구의 이런 사명을
막을 수는 없다.

그들은 같은 대륙에 살지도 않고, 같은 언어를
하지도 않지만 같은 경기를 뛰었고, 경기 뒤에는
서로 동지가 된다.

피부색이나 종교 차별이 없는 축구

당신이 응원하는 클럽에서 당신은 당신과 다른 피부와 종교를 가진 친구와
가깝게 지낼 것이다. 만약 당신이 기독교인이고, 친구가 무슬림이라면 그
사람에게 공을 패스하기를 거절하겠는가? 당연히 아닐 것이다! 당신의 피부색과
다른 선수들이 포진한 팀과 경기를 거절할 것인가? 이 역시 당연히 아닐 것이다!
그러나 어떤 팬들은 이러한 이유로 선수들을 모욕하고 야유한다. 유감스럽게도
참으로 슬픈 현실이다!

Stand Up Speak Up

어떤 나라에서는 피부색 때문에 선수들이 인종차별을 당하는 경우가 있다. 스페인으로 이동한 프랑스 팀은 원숭이
얼굴을 따라 하며 원숭이 울음소리를 내는 팬들의 야유를 받은 적이 있다. 카메룬의 축구 선수 사무엘 에투는 역시
스페인에서 같은 경험을 당했다. 한 트레이너로부터 '나무에나 올라가!'라는 말을 들은 것이다. 인종차별적인 조롱과
야유를 받는 것에 싫증 난 선수들은 티에리 앙리 추진 아래 경기장에서의 인종차별에 대항하는 'Stand Up Speak
Up(일어나서, 말하자!)'이라는 캠페인을 벌이게 되었다. 스포츠에서 인종차별이
자리 잡는 것을 결코 내버려두면 안 된다.

랑스 경기장에 설치된 인종차별 반대 현수막

유니폼을 사랑하는 마음으로

단지 당신이 좋아하는 클럽 스카프를 하고, 유니폼을 입고 모자를 쓰고 있다는 이유로, 또 흥분하는 서포터스와 함께 있다는 이유로 모욕적인 말이나 기분 나쁜 행동을 취할 수 있는 것은 아니다. 내가 지지하는 팀 유니폼을 사랑하는 마음으로, 품위와 위엄을 지킨다. 경기 중에는 팀을 격려하고, 팀이 경기를 잘하면 열광하며, 팀이 어려움에 빠지면 지지해야 한다. 또한 상대팀을 존중해야 한다.

리그컵 우승자인
스트라스부르 팀 서포터스

버스에서 노래를 부르자

당신이 원한다면, 당신은 진지한 서포터스를 가진 클럽에 가입할 수 있다. 당신과 같이 열정적인 팬들과 함께 안전하게 축구를 즐기며 많은 어드밴티지를 누릴 수가 있다. 할인된 입장권 가격이나 회원들을 위한 선물뿐만 아니라 당신은 선수와 트레이너들을 만나는 자리에 참여할 수 있고, 바캉스 기간에는 서포터스 클럽 차를 타고 즐거운 분위기에서 노래를 부르며 원정 경기를 따라갈 수도 있다. 또한 상대편 클럽 서포터스와의 만남도 가질 수가 있다.

경기가 끝나고 난 뒤, 서포터스가 버스에 오르고 있다.

클레르퐁텐에서 폴 포그바와 팬이 셀카를 찍고 있다.

존중하라

당신이 축구를 할 때, 모든 경기마다 완벽하게 플레이하는가? 경기를 망친 적은 없는가?
물론 있을 것이다. 따라서 이러한 일들이 프로 선수들에게도 일어날 수 있다고 생각하라.
그렇기 때문에 그들의 부진도 존중하고 이해하라. 만일 당신이 선수들 훈련에 참관한다면,
혼잡을 틈타 당신 분노를 표출해서는 안 된다.

선을 넘는 어리석음

악독하고 어리석은 훌리건들은 슬프게도 전 세계적으로 나타나는 현상이다. 그 어떤 나라도 관람석, 도시, 심지어 고속도로 휴게소에서까지 난장판과 공포를 불러일으키는 폭력적인 광신도로부터 벗어날 수가 없다.

선수들을 존중하라

당신은 그들을 좋아하고, 그들에 열광하고, 그들을 부러워하며 그들 자리를 탐낸다. 그렇다면, 그들을 존중하라! 그들이 항상 완벽한 경기를 하는 건 아니다. 심지어 자신의 골대에 골을 넣기도 한다. 이러한 이유로 선수들이 트레이닝 센터에 도착했을 때 모욕과 야유를 받아야 할까? 당연히 아니다!

심판을 존중하라

만약 당신이 심판까지 체험해본다면, 심판을 보는 것이 얼마나 어려운 일인지 바로 알 수 있을 것이다. 예를 들면 어떤 경기 결승전을 볼 때에 당신이 심판 자리에 있다고 생각해보자. 4만 명 팬들이 운집한 경기장에서, 22명 선수들이 뛰고 있고, 촬영 팀 뒤에는 수백만 명 시청자가 경기를 지켜본다. 경기 끝에는 그토록 열망하는 우승컵이 기다린다. 부담감은 엄청나지만 심판 판정은 완벽하고 정확해야 한다. 심판 역시 실수할 수도 있다. 다른 사람들처럼 그 역시 완벽한 것은 아니기 때문이다. 이러한 이유로 심판이 모욕을 당하고, 협박을 당해야 하는가?

이기기 위한 속임수?

'인위적으로 신체의 잠재력을 향상시키기 위한 계획된 행동' 이는 무엇을 가리키는 것일까? 한마디로 도핑을 말한다. 도핑은 이미 다른 스포츠를 타락시켰고 축구에서도 금지되어야 하는 재앙이다. 타고난 자질과 훈련으로 얻은 노력만이 진정한 커리어라고 말할 수 있다. 한 시즌에 60경기를 뛰는 것은 축구 선수라는 조직체에 위험한 시련이기는 하지만, 건강을 해치고 인생을 위험에 빠뜨리는 도핑을 정당화하는 것은 아무것도 없다!

당신의 펜을 챙겨요

선수들 사인을 받는 일은 건전한 즐거움이며 때때로 뜻밖의 기회이기도 하다.

훈련이나 저녁 경기가 끝난 후에 당신은 전략적인 곳(선수들이 나오는 곳)에 자리 잡아야 한다.

그리고 인내와 좋은 펜으로 무장한다. 무엇보다도, 당신이 가장 좋아하는 선수에게 당신이 보낼 수 있는 가장 아름다운 미소를 짓기를 바란다.

비극적인 사건

그 어떤 누구도 1985년 벨기에 헤이젤에서 열린 유러피언컵 결승전 참사를 잊을 수가 없을 것이다. 유벤투스와 리버풀 FC가 맞붙은 경기였다. 영국 훌리건들이 엄청난 공세로 밀어붙이기 시작했고, 철망에 막힌 39명 이탈리아 팬들은 바닥에 깔려 질식했다. 남미에서 일요일에 축구 경기가 열리면, 폭력 없이 지나가는 경우는 거의 없다. 때때로 다수의 사망자가 발생하기도 한다.

1975년 5월 28일 바이에른 뮌헨과 리즈와의 경기 중 황폐화된 파크 데 프랭스 관람석

시설물을 존중하라

관람석, 경기장 울타리를 구분 짓는 창문과 철창은 어디에 속한 것일까? 서포터스가 아닌 클럽 또는 도시에 속한 것이다. 그렇다면 경기장에 있는 모든 것들을 망가뜨릴 권한을 가진 사람이 있을까? 아무도 없다. 어리석은 사람들을 제외하고는. 그들의 집이나 아파트에서 같은 일이 반복된다면, 그들은 과연 어떻게 대응할까?

유럽

축구가 탄생한 곳은 유럽이다.
세계 최고 선수들이 세계 최고 리그와
경기에 출전하기 위해 바로 이 유럽
대륙으로 달려온다.

자신들이 좋아하는 클럽을 향한 잉글랜드
서포터스의 각별한 애정과 변함없는 지지

프리미어리그

축구 종주국인 잉글랜드에는 세계에서 가장 특별한 리그가 있다.
매일 엄청난 숫자의 관중들이 이 스펙터클한 경기를 보기 위해 모인다.

축구는 종교다

잉글랜드 축구 팬들은 오로지 하나의 클럽에 충성을 바친다. 그들은
팬클럽에 가입하고, 선수들과 같은 색 유니폼을 입고 모든 경기 때마다
변함없이 팀을 응원한다. 잉글랜드 대도시들은 프리미어리그 소속
클럽을 여럿 보유하고 있기 때문에 더비는 늘어나고 경쟁 관계도 점점 더
심해지고 있다.

런던, 축구의 수도

런던과 그 교외에는 프리미어리그에 승격되는 클럽이 매 시즌마다
적어도 6개가 있다. 2019년에는 아스널, 첼시, 풀럼, 토트넘 그리고
웨스트햄. 그리고 크리스탈 팰리스였다. 잉글랜드 북부에 위치한 대도시인
맨체스터와 리버풀에는 각각 2개의 라이벌 클럽이 있다. 바로 맨체스터
유나이티드와 맨체스터 시티, 그리고 리버풀 FC와 에버턴 FC이다.
잉글랜드 클럽은 막대한 자금을 가지고 지구상의 최고 선수들과 최고
코치들을 손쉽게 영입하고, 고액연봉을 지급한다.

에미레이츠 스타디움

미래지향적인 아스널
스타디움은 4만 유로를
벌어들이는 연간 회원들을
위한 박스석과 서포터스를
위한 스탠드 등 6만 명
관중들이 어느 곳에서든
쾌적하게 축구를 관람할 수
있는 놀라운 경기장이다.

해외로 수출하는 클럽들

잉글랜드 프리미어리그는 전 세계에서 사람들이 가장 많이 시청하는 리그이다. 특히 아시아TV 채널들은 프리미어리그 전 경기를 중계방송한다. 이러한 이유로 잉글랜드 빅클럽은 일본, 말레이시아, 심지어 중국까지도 투어를 다닌다. 아시아에서 이 유명 클럽 축구 선수들은 아이돌과 같은 인기를 누린다.

스코틀랜드 형제들

영국 북서부에 위치한 스코틀랜드에도 스코티시 프리미어십이라는 이름을 가진 최고의 축구 리그가 있다. 여기에는 12개 클럽이 참가하는데 매년 글래스고의 두 개 라이벌 클럽인 셀틱과 레인저스가 우승을 놓고 경쟁한다. 셀틱은 1891년 이후 52번의 우승을, 레인저스는 42번의 우승을 기록했으며(2019년 기준) 이는 세계 축구사에서 절대적인 기록이다.

잉글랜드 빅클럽

아스널 FC
- UEFA 컵위너스컵 1회 우승, UEFA 챔피언스리그 준우승 1회
- 프리미어리그 우승 13회
- FA컵 14회 우승
- EFL컵 2회 우승

첼시 FC
- UEFA 챔피언스리그 2회 우승
- UEFA 유로파리그 2회 우승
- 프리미어리그 우승 6회
- FA컵 8회 우승
- EFL컵 5회 우승

셀틱과 레인저스, 이 스코틀랜드 빅클럽은 영원한 라이벌이다.

잉글랜드의 또 다른 빅클럽

맨체스터 유나이티드
- UEFA 챔피언스리그 3회 우승
- 유로파리그 1회 우승
- 프리미어리그 20회 우승
- FA컵 12회 우승
- EFL컵 5회 우승

리버풀 FC
- UEFA 챔피언스리그 6회 우승
- UEFA 유로파리그 3회 우승
- 프리미어리그 19회 우승
- FA컵 7회 우승
- EFL컵 9회 우승

칼치오

이탈리아는 언제나 가장 축구를 잘 하는 나라 중 하나로 손꼽힌다. 모든 축구 선수들, 그리고 아마추어들은 국가 대표팀, 빅클럽, 그리고 스타들을 바라보며 꿈을 키운다.

토리노 출신 알레산드로 델 피에로는 '유벤투스'와 이탈리아 축구의 상징적인 선수이다.

맞수들의 경쟁

이탈리아 축구 리그는 단연코 세계에서 가장 힘든 리그 중 하나이다. 오랫동안 매우 강한 수비 축구를 기초로 해왔기 때문에 이탈리아 축구는 공격수에게 거의 공간을 내주지 않는 엄격함을 지켜왔다. 따라서 수비수들을 압도하기 위해서 공격수들은 기량을 부단히 갈고닦아야 한다. 매주 최고 수비수와 최고 공격수들이 맞붙는 화려한 경기가 펼쳐진다.

밀라노 승자가 되기 위해 인정사정없는 경기를 펼친다.

로쏘네리와 네라주리

AC밀란 서포터스(로쏘네리, 빨간색과 검은색이라는 뜻)와 인터밀란 서포터스(네라주리, 검은색과 파란색이라는 뜻)는 마음을 다해 자신의 팀을 응원한다. 같은 연고지 두 클럽은 같은 경기장을 사용하고 있기 때문에 상대방이 홈팀이 될 경우, 비록 홈팬임에도 불구하고 1년에 한 번은 어웨이 전용 좌석에서 경기를 보게 된다.

이탈리아 빅클럽

유벤투스
- UEFA 챔피언스리그 2회 우승
- UEFA 유로파리그 3회 우승
- UEFA 컵위너스컵 1회 우승
- 세리에A 36회 우승
- 코파 이탈리아 14회 우승

AC 밀란
- UEFA 챔피언스리그 7회 우승
- UEFA 컵위너스컵 2회 우승
- 세리에A 18회 우승
- 코파 이탈리아 5회 우승

인터 밀란
- UEFA 챔피언스리그 3회 우승
- UEFA 유로파리그 3회 우승
- 세리에A 19회 우승
- 코파 이탈리아 7회 우승

스타드 주세페 메아차

이 거대한 밀라노 경기장은 경기장이 지어진 밀라노 교외 이름인 산 시로라고도 불린다. AC 밀란 홈이었던 이 경기장은 1948년 AC 밀란의 위대한 라이벌인 인터 밀란을 맞이했다. 주세페 메아차는 1930년대에 뛰었던 굉장한 선수였다. 그는 월드컵 2연패 타이틀을 거머쥐었고, AC 밀란과 인터 밀란에서 각각 뛰기도 했다. AC 밀란과 인터 밀란 간 더비는 '그'의 경기장에서 매년 열리는 큰 이벤트이다.

주세페 메아차: 2개의 라이벌 클럽이 공유하고 있는 전설의 경기장이다.

세 개 클럽

로마, 제노바, 볼로뉴 그리고 토리노의 클럽이 우승 리스트에 이름을 올리고 있지만, 이탈리아 축구는 창설 당시부터 북부의 클럽들이 지배하고 있었다. 토리노의 유벤투스는 35회, 인터 밀란과 AC 밀란은 각각 18회 우승 타이틀을 거머쥐었다(2019년 기준).

마리오 발로텔리

이탈리아 출신 공격수 1990년 8월 12일

태어났을 때 부모로부터 버림받고 이탈리아 부부에게 입양된 이탈리아 국적의 발로텔리는 이탈리아 축구 국가 대표팀에서 몇 안 되는 흑인 선수 중 한 명이다. 예측 불가능하지만 환상적인 경기를 펼치고, 신체적으로도 뛰어난 발로텔리는 강렬한 스트라이커이다. 잉글랜드에서의 생활을 마치고 이탈리아로 돌아와 AC 밀란을 거쳐 프랑스의 OGC 니스, 올랭피크 드 마르세유 등에서 뛰었다.

라 리가는 누구나 인정하는 좋은 플레이를 펼치는 리그이다.

라 리가

스페인에서 축구는 진정한 종교이다.
리그가 창설될 때부터 라 리가는 2개의 걸출한
클럽이 지배하고 있는데, 레알 마드리드와
FC 바르셀로나가 그것이다. 그리고 그들
뒤에는, 다음 자리를 차지하기 위한 싸움이
펼쳐진다.

스펙터클과 열정

이탈리아나 독일과 같은 다른 나라들보다는
수비적인 구조가 덜하지만 스페인 축구는
항상 빠르고 날쌔며 매우 기술적인 플레이를
선호해왔다. 18개 클럽으로 구성된 라 리가(또는
프리메라 디비시온)는 매주 일요일마다 거의
항상 꽉 찬 경기장에서 펼쳐지는 품격 있는
경기를 선보인다.

소시오스

매우 부유한 스페인 클럽들은 소시오스들로
인해 이루어진다. FC 바르셀로나(165,000),
아틀레티코 데 마드리드(98,000) 그리고
아틀레틱 빌바오(35,000)와 같은 역사적인
클럽에서 소시오스는 주도적인 역할을 가진다.
입장권을 면제받은 후에 그들은 각각 연간
회원권을 지불한다. 클럽의 일부분을 소유한
소유주로서 회장 투표에 참여할 수 있고,
중요하지는 않지만 일상적인 경영과 관리와
관련된 주제에 대한 의사 결정 권한을 가지고
있다. 다른 라 리가 클럽의 경우, 소시오스는
유럽의 다른 클럽과 마찬가지로 팬클럽
회원들이다.

리오넬 메시, 바르셀로나의 환상적인 아르헨티나 출신 선수
(현재는 파리 생제르맹에서 뛰고 있다.)

공과 주도권을 정복하려는 싸움

형제이자 적

스포츠에서 경쟁자인 동시에 스페인 수도에 있는 레알 마드리드와 스페인에서 가장 부유한 지역 중 하나인 카탈루냐 지방의 주도인 바르셀로나의 FC 바르셀로나는 정치적으로도 라이벌인 관계이다. 매년 이 둘이 맞붙는 경기는 라 리가의 정점이라고 할 수 있다. 최근 들어 팬들 열광은 절정에 이르렀고, 라이벌 클럽에 대해 적대심을 표출하는 서포터스가 있는 만큼 사건 사고는 끊이지 않고 있다.

캄프 누

FC 바르셀로나 경기장은 스페인에서 사람들이 가장 많이 방문하는 기념비적인 방문지 중에 하나이다. 3층으로 되어 있는 관람석은 아찔할 정도로 경사가 급하고 경기장은 땅보다 낮게 있다. 따라서 관중들은 경기장에 더 가까이 갈 수 있다. 이 거대한 경기장은 9만 8천 명까지 수용할 수 있으며, 멀티 스포츠 홀, 사무실, 상점 및 예배당까지 갖춰져 있다. 107개 문을 통해서 5분 만에 모든 관중을 다 빠져나가게 할 수 있는 유일한 대형 경기장이다!

캄프 누는 축구를 위해 헌정된 전설적인 경기장이다.

스페인 빅클럽

FC 바르셀로나
- UEFA 챔피언스리그 5회 우승
- UEFA 컵위너스컵 4회 우승, UEFA 슈퍼컵 5회 우승
- 라 리가 우승 26회
- 코파 델 레이 31회 우승

레알 마드리드
- 유러피언컵/UEFA 챔피언스리그 13회 우승
- UEFA컵/UEFA 유로파리그 2회 우승
- 라 리가 34회 우승
- 코파 델 레이 19회 우승

분데스리가

독일은 국가대표팀인 디 만샤프트와
분데스리가라는 리그를 소유하고 있는
세계에서 가장 훌륭한 축구팀 중 하나이다.

분데스리가의 매 시즌마다 정상에서 만나는 두 팀, 보루시아
도르트문트와 바이에른 뮌헨

유능한 클럽

매우 엄격하고 매우 경쟁이 치열한 분데스리가는
잘 조직된 18개 클럽이 경쟁하는 높은 수준
리그이다. 잉글랜드나 이탈리아, 스페인 리그보다
자금이 많지 않기 때문에 외국인 선수가 뛰는
비율이 높지 않다. 그러나 리그는 매우 높은
수준을 자랑하며 그 뒤에는 반박할 여지가 없는
분데스리가의 리더, 바이에른 뮌헨(분데스리가
29회 우승)이 있다. 또한 분데스리가 클럽은 유럽
대회에서도 좋은 성적을 거두고 있다.

독일의 빅클럽

바이에른 뮌헨
- UEFA 챔피언스리그 6회 우승
- UEFA 유로파리그 1회 우승, UEFA 컵위너스컵 1회
  우승
- 분데스리가 30회 우승
- DFB 포칼 20회 우승
- DFL-리가포칼 6회 우승

보루시아 도르트문트
- UEFA 챔피언스리그 1회 우승
- UEFA 컵위너스컵 1회 우승
- 분데스리가 5회 우승
- DFB 포칼 5회 우승

프랑크 리베리

프랑스 출신 미드필더 1983년 4월 1일
유소년 시절부터 축구에 입문하여 오랜 경험을
쌓아온 리베리는 2006~2007년 시즌 올랭피크
드 마르세유에서 능력을 펼치기 시작했다. 훌륭한
기술을 가진 그는 또한
지칠 줄 모르는 선수이며
골키퍼에게는 매우
두려운 대상이기도 하다.
2007년부터 바이에른
뮌헨에 합류한 그는 총
9번의 분데스리가 우승을
따내며 영웅이 되어
2019년 팀을 떠났다.

통일 독일

잘 알려져 있다시피 제2차 세계대전 이후로 독일은 서독과 동독으로 나누어졌다. 1989년 베를린 장벽이 무너진 후 독일은 통일되었고 1991~1992년 시즌이 되어서야 구 동독 클럽들이 분데스리가에 합류할 수가 있었다.

볼프스부르크 축구팀이 2008~2009년 시즌 바이에른 뮌헨을 이기고 분데스리가 정상을 차지했다

샬케의 아민 아리트(흰 유니폼)와 구 동독 도시였던 라이프치히의 빌리 오르반이 격렬하게 몸싸움을 벌이고 있다.

거인을 물리친 엄지 동자

독일 북쪽에 위치한 소도시 볼프스부르크 (인구수 127,000명)는 2009년 분데스리가 우승을 차지했다. 볼프스부르크 클럽은 뮌헨 (인구수 270만 명), 함부르크(인구수 350만 명), 베를린(인구수 450만 명), 슈투트가르트 (인구수 500만 명)와 같은 대도시를 연고지로 하는 클럽을 이기고 정상을 차지했다. 하지만 볼프스부르크 축구 클럽은 세계에서 가장 큰 자동차 회사인 폭스바겐 소속이고 볼프스부르크라는 뜻은 '늑대 마을'이라는 사실을 알 필요가 있다. 바로 이러한 이유로 독일 챔피언이 된 것이다!

리그앙

매우 경쟁이 치열한 리그이다.
관중 수가 점점 늘어나고 있음에도 불구하고
리그앙은 재정 부족에 시달리며 뛰어난
선수들을 빼앗기고 있다.

프랑스 클럽 첫 번째 영웅, 생테티엔

위고 요리스

프랑스 출신 골키퍼 1986년

매 순간마다 침착함을 유지하는 요리스는
유럽의 가장 훌륭한 골키퍼 중 하나이다.
그는 게임을 읽는 능력이 뛰어나고 두터운
신뢰감으로 마지막 보루를
쌓으며 니스, 리옹, 토트넘
그리고 프랑스 대표팀에서
우승을 거머쥐었다.

매우 경쟁이 치열한 리그

20개의 클럽으로 구성된 프랑스의 리그앙은 길고,
엄격하고 어려운 리그이다. 38라운드의 경기를
치른 뒤 우승자를 확정 지을 수가 있기 때문이다.
지난 수십 년 동안 리그를 지배한 클럽으로는
10회 우승 생테티엔, 9회 우승 파리 생제르맹,
마르세유, 8회 우승 낭트, 그리고 7회 우승
리옹이다.

마르세유의 스타드 벨로드롬

나팔처럼 벌어진 관람석과 같이 매우 특별한
건축 형식의 스타드 벨로드롬은 마르세유에
부는 미스트랄이라는 이름의 바람에 너무
많은 자리를 내어주었다. 그래서 유로 2014를
위해 벨로드롬은 지붕을 덮는 관중석으로
새롭게 태어났다. 벨로드롬은 6만 명을 수용할
수 있는데 이는 스타드 드 프랑스 다음으로
프랑스에서 두 번째로 많은 숫자이다.
올랭피크 드 마르세유 홈경기장이며 럭비와
같은 다른 스포츠나 콘서트 등이 열리기도
한다.

빅 매치가 열릴 때면 언제나 붉게 타오를 준비가 되어 있는
스타드 벨로드롬

리그앙의 르 클라시코 경기 중 모렐에게 태클 당하는 이브라히모비치

매년 일어나는 출혈

매 시즌이 끝날 때마다 리그앙은 뛰어난 선수들을 떠나보낸다. 고액연봉과 새로운 삶에 이끌려 많은 선수들이 프랑스를 떠나 이탈리아, 스페인 그리고 영국으로 떠난다. 몇몇 선수들은 자신을 받아들인 나라에서 성공하여 스타가 되지만 또 다른 선수들은 경쟁에서 도태되어 결국 선택을 후회하는 지경에 이르게 된다.

더비 우승자

복잡한 도시 사정, 지역 패권을 차지하려는 욕망이 뒤섞여 리그앙에서 열정적인 더비가 만들어졌다. 렌과 낭트, 모나코와 니스, 릴과 랑스, 보르도와 툴루즈, 그리고 리옹과 생테티엔까지. 그러나 매 시즌마다 전국적인 관심을 불러일으키는 경기 중의 경기는 바로 올랭피크 드 마르세유와 파리 생제르맹 경기이다. 우리는 이를 르 클라시코라고 부른다.

7년 연속 리그앙 우승을 차지한 올랭피크 리옹

2개의 클럽

주요 유럽 국가 중 뒤처져 있는 프랑스는 2개의 챔피언 타이틀만 보유하고 있다.
- 1993년 UEFA 챔피언스리그 우승 올랭피크 드 마르세유
- 1996년 UEFA 컵위너스컵 우승 파리 생제르맹

바질 볼리와 올랭피크 드 마르세유는 프랑스에 최초의 유럽 선수권 타이틀을 선물했다.

챔피언스 리그

에드빈 판데르사르(맨체스터 유나이티드) 앞에서 펼쳐진
리오넬 메시(FC 바르셀로나)의 논스톱 킥

진정한 유럽 클럽들의 리그인 챔피언스
리그에서는 매년 유럽 국가 최고의 클럽들이
대결한다.

복잡하지만, 정당한 선발전

잘 자리 잡힌 유럽 클럽 계층구조는 챔피언스
리그에 참여하기로 되어 있는 유럽 리그의 클럽
수를 의미한다. 예선 라운드에서는 여러 팀들이
첫 번째 라운드 리그전에 합류한다. 이 선발전은
화려한 볼거리를 제공한다.

어려운 여정

32개 클럽이 8개 조로 나뉘어 각 조별로 4개 팀이
경기를 치른다. 이 조별 리그가 끝나면 각 조
1, 2위 팀이 16강에 진출하며 승자는 8강, 준결승,
마지막으로 결승전에 진출한다. 9개월간의 길고
어려운 여정을 통과해야지만 유럽 챔피언이라는
자리에 오를 수가 있다.

유럽 빅클럽

1956년 처음 시작한 유러피언컵의 첫 우승자는
현재까지 가장 많은 우승 트로피를 차지한 레알
마드리드였다.

- 레알 마드리드: 13회 우승
- AC 밀란: 7회 우승
- 리버풀, FC 바이에른 뮌헨: 6회
- FC 바르셀로나: 5회 우승
- 아약스 암스테르담: 4회 우승
- 맨체스터 유나이티드, 인터 밀란: 3회 우승

티에리 앙리

프랑스 출신 공격수 1977년 8월 17일
앙리는 뉴욕 레드불스의 스타이자
명실상부한 아스널 스타였다. 아스널
홈구장 앞에는 그의 동상이 세워져 있다.
재능 있는 공격수, 뛰어난 테크니션이며 어떤
포지션에서든 득점을 할 수 있는 뛰어난
스트라이커였던 티에리 앙리는 의심할
여지없이 21세기 초 최고 공격수 중 한
명이다.

'붉은 악마'의 훌륭한 감독인 알렉스 퍼거슨 경

잉글랜드 지배자들

4개 잉글랜드 클럽(맨체스터 유나이티드, 아스널, 리버풀, 첼시)은 2007~2008년 시즌, 2008~2009년 시즌 연속으로 챔피언스 리그 8강전에 올라갔고 잉글랜드 클럽이 절반을 차지했다. 그리고 3개 팀이 준결승에 진출했고(리버풀만 떨어졌다) 잉글랜드 클럽이 75%를 차지했다. 오직 한 팀만이 우승을 차지할 수 있었는데 바로 2008년에는 맨체스터 유나이티드였다. 2019년 봄에도 4개 잉글랜드 클럽이 8강전에 진출했다. 리버풀, 맨체스터 유나이티드, 맨체스터 시티, 그리고 토트넘까지.

슈퍼 유럽 리그는 가능할까?

몇몇 유럽 빅클럽은 시즌 동안 주요 국가 리그에서 온 18개 또는 20개의 최고 유럽 클럽들을 모아 슈퍼 유럽 리그를 만들고 싶어 한다. 이 리그로 유럽 챔피언을 가릴 수가 있고 가장 낮은 순위 클럽은 다시 자국 리그로 합류하게 된다. 하지만 이 프로젝트는 만장일치를 보지 못했는데, 조직하기가 어렵기 때문이었다. 다음에는 어떻게 될까?

네이마르

브라질 출신 공격수
1992년 2월 5일

진정한 축구 천재이자, 환상적인 선수인 네이마르는 주장으로 있는 브라질 축구 대표팀에서 전성기를 보내고 있다. 비할 데 없는 기술과 발과 머리에 모두 능수능란한 네이마르는 자신을 막는 수비수를 어지럽게 만든다. 바르셀로나에서 파리 생제르맹으로의 이적은 역대 최고 이적료를 기록했다.

연도별 챔피언스 리그 우승 팀

2014년	FC 바르셀로나
2015년	레알 마드리드
2016년	레알 마드리드
2017년	레알 마드리드
2018년	레알 마드리드
2019년	리버풀 FC

유로파 리그

챔피언스 리그 형제 격인 유로파 리그(이전에는 UEFA 컵으로 불림)는 매년 유럽 주요 축구 국가가 아닌 소규모 국가 우승 클럽뿐만 아니라 자국 리그에서 우승한 다른 나라 클럽들이 참여한다.

유로파 리그 결승전 중 공중에서 맞붙은 카르도소와 케이힐

6명의 심판

2009년 UEFA는 유로파 리그 경기에서 경기장에 5명의 심판을 참여시키기로 결정했다. 주심, 그리고 터치라인에 있는 2명의 부심 등 통상적으로 주재하는 3명 심판에 2명 심판을 추가로 투입하는데, 그들은 페널티 지역에서 페널티 상황을 확인하고 의문의 여지가 있는 골 유효성을 결정하는 책임을 맡는다. 현재는 6번째 심판이 되었지만 통상적으로는 4번째였던 나머지 한 명 심판은 벤치 앞에서 선수 교체와 추가시간을 알리는 업무를 담당한다.

매우 값비싼 자리

챔피언스 리그에 직행하는 빅클럽 뒤에는 유로파 리그에서 한자리를 차지하기 위한 치열한 싸움이 벌어진다. 그 자리는 누구나 다 탐내는 자리이다. 아마 이 경쟁이 없었다면, 유럽 각 국가의 리그는 그 힘을 잃었을지도 모른다.

앙드레 피에르 지냑

프랑스 출신 공격수 1985년 12월 5일

파워 넘치는 지냑은 골 사냥꾼 부류에 속한다. 두 발과 머리를 자유자재로 사용하는 그는 툴루즈, 마르세유, 멕시코에서 위대한 공격수로 조금씩 자리매김하고 있다.

2009년 유로파 리그에서 처음 선보인 5명 심판이 필드에 들어선다.

포르차 이탈리아

1990년 이탈리아 축구는 그해 경쟁이 치열했던 3개 유럽 축구 우승컵을 정복했다.

- UEFA 챔피언스 리그: AC 밀란
- UEFA 컵위너스컵: UC 삼프도리아
- UEFA 유로파 리그: 유벤투스

그리고 1994년에는 밀라노 두 클럽이 2개 유럽 축구 우승컵을 거머쥐었다.

- UEFA 챔피언스 리그: AC 밀란
- UEFA 유로파 리그: 인터 밀란

UEFA 슈퍼컵

UEFA 슈퍼컵은 매년 UEFA 챔피언스 리그 우승팀과 UEFA 유로파 리그 우승팀이 맞붙는 경기이다. 항상 모나코에서 경기가 열린다.

2008년 UEFA 슈퍼컵 결승전에서 만난 맨체스터 유나이티드와 FC 제니트

뒤처져 있는 프랑스

프랑스는 스페인, 이탈리아, 잉글랜드, 독일에 비해 순위가 뒤처져 있다. 역사상 딱 두 번 유럽 챔피언 타이틀을 획득했다.

- UEFA 챔피언스 리그(1993년): 올랭피크 드 마르세유가 AC 밀란을 1대 0으로 꺾고 우승했다.
- UEFA 컵위너스컵(1994년): 파리 생제르맹이 SK 라피트 빈을 1대 0으로 꺾고 우승했다.

브뤼노 은고티가 프리킥을 찬다. 이 프리킥으로 인해 파리 생제르맹이 유럽 타이틀을 거머쥘 수가 있었다.

UEFA 유럽 축구 선수권 대회

월드컵 형제인 유럽 축구 선수권 대회는 월드컵과 마찬가지로 4년마다 열리며, 유럽 최고 국가 대표팀끼리 대항하는 대회이다.

2년간의 여정

전 세계 챔피언을 가르는 월드컵 결승전이 끝나자마자 2년 뒤에 열릴 결승전을 위하여 유럽 국가 대표팀들은 예선전에 참가하며 다시 일정을 시작한다. 유럽 대륙 최고 팀과 그보다 실력이 떨어지는 팀들이 한 그룹에 묶여 예선전을 치른다.

8개 팀에서 24개 팀까지

1980년부터 8개 팀이 본선에 진출하였다. 1996년 16개국으로 늘어났고, 유로 2016에는 예선전에서 통과한 24개 팀이 본선에 진출하게 되었다. 단일 또는 공동 개최국은 항상 자동적으로 본선 진출권을 얻는다. 지난 우승국 역시 예선에 참가하여 본선 진출을 따내야 한다.

2018년 유로파 리그에서 우승컵을 차지한 아틀레티코 마드리드와 앙투안 그리즈만

플라티니와 그 무리들

프랑스는 1984년 유로 개최국이었다. 2년 전에 열린 월드컵에서 준결승까지 진출한 프랑스 국가 대표팀에는 주장 미셸 플라티니의 지휘 아래 재능 있는 선수들이 모였다. 프랑스는 예선전에서 덴마크, 벨기에, 유고슬라비아를 꺾고 그 후 준결승전에서 포르투갈을 꺾으며 파리에 있는 파크 데 프랑스 경기장에서 스페인과 결승전에서 만났다. 프랑스는 이 날 역사상 처음으로 국제 대회 챔피언 타이틀을 손에 쥐게 되었다. 미셸 플라티니는 모범적인 주장으로 9골을 기록했고, 플라티니의 기록은 크리스티아누 호날두가 2021년(14골) 깨버렸다.

유로 1984 당시 유고슬라비아와의 경기 중 멋진 프리킥을 선보인 미셸 플라티니

유로 2000에서 프랑스 팀에 우승을 가져다준
다비드 트레제게의 환상적인 발리슛

트레제게 골든골

1998년 월드컵 우승을 차지한 프랑스는
이탈리아와의 매우 치열한 접전 끝에 유로
2000에서도 우승을 차지했다. 정규 시간에는
지단과 데샹의 레블뢰와 말디니와 델베키오의
아주리의 승패를 판정하지 못했다. 연장전
동안 승부를 가려야 했다. 승부를 결정지은
것은 골키퍼 톨도가 손을 쓸 새 없이 환상적인
발리슛을 날려 골든골을 기록한 프랑스의
다비드 트레제게였다.

유로를 지배하는 스페인

팀이 창설된 이래로 스페인 국가대표팀은
단 한 번도 국제 대회에서 우승을 한 적이
없었다. 저주가 깨진 것은 2008년 6월 29일
오스트리아 빈의 에른스트 하펠 경기장이었다.
유로 결승전에서 스페인은 1대0으로 독일을
이기며 우승하였다. 그 후 4년 뒤 폴란드와
우크라이나에서 공동으로 개최된 유로 2012
결승전에서 이탈리아를 4대0으로 꺾으며 다시 한
번 우승을 차지했다.

유럽 챔피언 스페인 국가대표팀,
그리고 이케르 카시야스가 왕과
포옹하고 있다

다양한 우승팀들

1992년	덴마크	2008년	스페인
1996년	독일	2012년	스페인
2000년	프랑스	2016년	포르투갈
2004년	그리스		

크리스티아누 호날두

포르투갈 출신 공격수 1985년 2월 5일

축구의 귀재, 발롱도르 5회 수상에 빛나는 호날두는 포르투갈 스포르팅, 맨체스터
유나이티드, 4번의 유럽 챔피언을 달성한 레알 마드리드, 그리고 유벤투스까지 그가 몸담는
팀은 어느 팀이든 행복하게 만든다. 득점 기록 보유자인 호날두는 포르투갈 국가 대표팀
주장으로 팀을 이끌며 유로 2016에서 프랑스를 꺾고 우승을 차지했다.

아프리카에서도 축구에 대한 열정은 열렬하다.

유럽 외
다른 대륙들

축구 탄생지인 유럽 대륙과
마찬가지로, 남미, 북중미, 아프리카,
아시아 그리고 오세아니아 대륙도
클럽 혹은 국가 간 대항전을 치른다.

아프리카 네이션스컵

2년마다 예선전을 통과한 16개국은 아프리카 네이션스컵 본선에서 아프리카 지배권을 차지하기 위한 경기를 치른다. 이 대회에서는 화려하고 열정적인 경기가 펼쳐진다.

연결고리

1957년 치열한 경쟁 끝에 얻은 이집트 승리와 함께 시작된 아프리카 네이션스컵은 진출한 국가들 사이에서 큰 열광을 불러일으켰다. 대회는 아프리카 국가 간 연결고리 역할을 한다. 아프리카 대륙을 자주 분열시키는 대립을 뛰어넘어 이 대회는 수백만 명의 젊은이들이 챔피언이라는 꿈을 꾸게 만든다.

아프리카 미래 챔피언과 함께 가는 자부심

피라미드 꼭대기에서

이집트는 아프리카 네이션스컵 본선에 가장 많이 진출한 국가이다. 또한 이집트는 총 7회로 최다 우승국이기도 하다.

잊힐 시간

1957년 남아프리카 공화국은 나라를 지배하고 있던 정책인 아파르트헤이트(백인과 흑인 간의 인종분리 정책) 때문에 대회 출전을 거부당했다. 다행히도 역사는 이 저주받은 사건을 잊었고 이제 남아프리카 공화국은 세계 축구사에서 중요한 자리를 차지하고 있다. 2010년에는 월드컵을 개최하기도 했다.

2017년 아프리카 네이션스컵: 카메룬이 정상에 오르다

가봉에서 개최한 2017년 아프리카 네이션스컵에서 기니비사우는 역사상 처음으로 대회에 진출했다. 예선전에서는 지난 대회 우승국인 코트디부아르, 가봉, 알제리와 같은 우승 후보가 너무나도 일찍 탈락했다. 결승전에서는 8번째 우승을 노리던 이집트와 맞붙은 카메룬은 88분 터진 아부바카르의 골 덕분에 우승컵을 차지할 수 있었다.

카메룬의 파워풀한 공격수, 뱅상 아부바카르

아프리카 네이션스컵 우승국

1992년	코트디부아르	2002년	카메룬	2012년	잠비아
1994년	나이지리아	2004년	튀니지	2013년	나이지리아
1996년	남아프리카 공화국	2006년	이집트	2015년	코트디부아르
1998년	이집트	2008년	이집트	2017년	카메룬
2000년	카메룬	2010년	이집트		

디디에 드록바

1978년 3월 11일 출생한 코트디부아르 출신 공격수로 지난 몇 년 동안 급부상한 그는 유럽 최고 공격수가 되었고 첼시의 중요한 선수 중 한 명이다. 리더로서의 영혼을 가진 드록바는 훌륭한 골 사냥꾼이며 모든 아프리카 축구 선수의 모델이다.

북아프리카 마그레브와 중동

축구는 북아프리카와 서아시아 국가의 건조한 땅을 점령했다. 북아프리카와 중동에 속해 있는 클럽과 국가들은 이 두 대륙에서 조직하는 대회에 참여한다.

유럽 축구 양성소

모로코, 튀니지, 그리고 알제리(마그레브 국가들)는 프랑스 식민지 시절 축구를 접했다. 이제 축구는 그곳에서 주요한 스포츠가 되었고, 많은 선수들은 프랑스, 이탈리아, 벨기에, 독일 클럽에서 뛰는 행운을 거머쥐기 위해 유럽으로 이주했다. 거의 대부분 선수들은 아프리카 네이션스컵이나 월드컵에서 그들 선택이 빛을 발할 수 있도록 고국 팀에 충실하게 남아있다.

아약스 암스테르담 유니폼을 입고 있는 모로코의 하킴 지예흐

마그레브 출신 아프리카 올해의 축구 선수	
1975년	아메드 파라스(모로코)
1977년	타라크 디아브(튀니지)
1981년	라흐다르 벨루미(알제리)
1985년	모하메드 티무미(모로코)
1986년	바두 에자키(모로코)
1987년	라바흐 마드제르(알제리)
1988년	무스타파 하지(모로코)

파란 유니폼 유혹

마그레브 출신 어린 프랑스인들은 조금씩 조금씩 뿌리와 멀어지고 있다. 심지어 그들은 부모 출신지가 어딘지도 모르며 대부분 젊은 스타들은 미래에 프랑스 국가대표가 되는 것만 생각한다. 지단, 벤제마, 벤 아르파, 나스리가 그 예이다. 월드컵 본선에 진출하는 가능성이 아프리카 네이션스컵 결승 자리를 놓고 다투는 것보다 훨씬 매력적이다. 그러나 다행히도 예외는 존재한다. 프랑스에서 태어난 AS 생테티엔의 뛰어난 공격수인 와흐비 카즈리는 부모 출신국인 튀니지 대표팀 유니폼을 입는 것을 선택했다.

2018년 FIFA 월드컵 튀니지 대표팀 주장을 맡았던 와비 카즈리

모래와 석유

중동 기후는 건조하여 사막이 많고 거의 비가 오지 않는다. 게다가 축구는 국민들이 즐기는 문화가 아니다. 부의 상징인 석유가 넘쳐흐르는 페르시아만에 있는 나라만이 축구를 즐긴다. 화려한 경기장이 지어졌고, 오일달러로 유명한 선수들과 감독을 영입하였다. 카타르는 실제로 2022년 월드컵을 개최한다.

석유 왕국인 카타르에서 펼쳐지는 야간 경기

샤이흐의 판정

1982년 쿠웨이트는 페르시아만 국가로는 처음으로 월드컵에 출전했다. 그 월드컵에서 쿠웨이트는 주목받았다. 프랑스와의 경기에서 왕세자였던 샤이흐 파하드 알아흐메드 알자베르 알사바흐는 경기장에 침입하여 알랭 지레스 골을 취소하라고 심판에 항의하였다. 심판은 샤이흐 요청에 따라 골을 취소했고, 그 결정은 프랑스 감독인 미셸 이달고를 화나게 만들었다.

샤이흐 알아흐메드 알자베르 알사바흐가 바야돌리드 경기장을 떠나도록 요청받고 있다.

AFC 아시안컵에서 우승한 중동 국가

- 사우디아라비아: 1984년, 1988년, 1996년
- 이란: 1968년, 1972년, 1976년
- 이스라엘: 1964년
- 쿠웨이트: 1980년
- 이라크: 2007년
- 카타르: 2019년

축구공은 공통분모

중동은 오래전부터 정치와 종교로 인한 대립과 전쟁의 무대였다. 다행히 축구는 대립하는 국가들 사이에서 국민들이 자신감을 되찾게 해주고 대립으로 인한 갈등과 고통을 잠시나마 잊게 해주었다. 이라크 전쟁 이후 혼란에 빠진 이라크 국가 대표팀은 2007년에 아시안컵 우승이라는 놀라운 업적을 달성했다!

축구는 이라크에서 전쟁을 잊게 하는 좋은 방법이다.

이탈리아 골키퍼 부폰과 마주한
일본 공격수 마에다

아시아, 축구의 신대륙

아시아에서 축구가 뿌리내리는 데는 시간이
걸렸지만, 지금 아시아에서는 엄청난 축구 열풍이
불고 있고 아시아 클럽 대회와 국가대표 대회는
수준급이다.

AFC 아시안컵

4년마다 열리는 아시안컵은 예선전을 거친 24개 국가가
본선에 진출한다. 경쟁은 매우 치열하고 때때로 2007년
사우디아라비아를 상대로 승리한 이라크와 같이
깜짝 놀랄 사건이 일어나기도 한다. 일본(4회 우승),
사우디아라비아(3회 우승), 이란(3회 우승), 한국
(2회 우승)이 가장 많이 우승한 국가들이다(2019년 기준).

AFC 챔피언스리그

AFC 챔피언스리그는 아시아에서 가장 우수한 32개
축구 클럽을 대상으로 매년 열리는 대회이다. 중국, 한국,
쿠웨이트, 이스라엘, 그리고 베트남과 같은 국가에서
2개의 클럽이 출전한다. 최근 10년 동안에는 대회를 한국,
일본 그리고 사우디아라비아 클럽이 지배하고 있다.
'AFC 프레지던트컵'이라는 제2의 대륙 간 대회에서는
2005년부터 방글라데시, 필리핀, 캄보디아, 팔레스타인과
같은 '개발도상국'의 17개 클럽이 참가했다.

연도별 AFC 아시안컵 우승팀

연도	우승팀
2004년	일본
2007년	이라크
2011년	일본
2015년	오스트레일리아
2019년	카타르

감바 오사카 골키퍼인 후지가야 요스케를 속이고
있는 크리스티아누 호날두

연도별 AFC 챔피언스리그 우승팀

2014년	웨스턴 시드니 원더러스(오스트레일리아)
2015년	광저우 헝다(중국)
2016년	전북 현대 모터스(한국)
2017년	우라와 레드 다이아몬즈(일본)
2018년	가시마 앤틀러스(일본)

일본과 두 한국

제2차 세계대전 말 무자비한 전쟁에 휘말린 한국과 일본은 이후 경제와 산업 분야에서 악착같은 라이벌이 되었다. 그러나 이 둘은 2002년 공동으로 월드컵을 개최하였고, 아시아에서 가장 발전한 국가가 되었다. 세계에서 가장 폐쇄된 국경을 가진 북한은 최초로 월드컵 본선에 진출했다. 북한은 2010년 남아공 월드컵에서 다시 한 번 본선 진출을 해냈다.

2010년 월드컵 당시 맹렬한 몸싸움을 펼치는 한국의 박지성과 아르헨티나의 마스체라노

잠에서 깬 중국

13억이 넘는 인구를 가진 중국은 조금씩 축구 세계에서 자리를 잡아가고 있다. 2002년 첫 월드컵에 출전한 이후, 2007년에 여자 월드컵을 개최했고, 곧바로 2008년에는 올림픽을 개최했다. 상하이 선화나 광저우 헝다 같은 빅클럽은 천문학적인 연봉으로 세계적으로 유명한 감독과 선수들을 유혹한다.

중국의 희망이 브라질을 정복한다!

선구자들

유럽 클럽에 입성하고 성공한 아시아 선수는 여전히 극히 드물다. 가장 널리 알려진 선수들로는 한국의 홍명보, 박지성, 차범근과 일본의 나카타 히데토시, 마쓰이 다이스케가 있다.

마쓰이 다이스케

신성한 소의 나라

인도에서 축구는 첫 번째 스포츠이다. 국가 스포츠인 크리켓을 즐기는 인구보다 훨씬 더 많은 사람들이 축구를 즐긴다. 하지만 잘 갖춰지지 않은 세미프로 수준의 인도 축구는 여전히 국제무대에서 잘 알려지지 않았다.

남미

또 다른 축구 대륙인 남미에서는 국가 대항전인 코파 아메리카와 클럽 대항전인 코파 리베르타도레스가 열린다. 관중이 가득 찬 경기장에서 펼쳐지는 대회는 엄청난 열정과 분위기가 넘친다.

코파 아메리카

1916년 창설된 코파 아메리카는 대륙 대회 중에 가장 오래된 대회이다. 2년, 3년, 또는 4년마다 번갈아 진행되며, 남미 축구 연맹에 속한 국가대표 팀과 북중미 카리브 축구 연맹에서 초대된 팀들이 경쟁한다. 당연한 말이지만 남미의 강호인 아르헨티나, 우루과이, 그리고 브라질 3개국이 코파 아메리카를 지배한다.

코파 아메리카에서 펼쳐지는 브라질과 아르헨티나의 전통적 대결

우승국 리스트

- **우루과이**: 15회
- **아르헨티나**: 15회
- **브라질**: 9회
- **파라과이, 페루, 칠레**: 각각 2회
- **볼리비아, 콜롬비아**: 각각 1회

코파 리베르타도스

유럽의 챔피언스리그와 견줄 만한 코파 리베르타도레스에는 매년 남미 38개 클럽이 모인다. 대륙 지배권이 걸려있는 이 대회는 1960년 창설된 이래로 각 클럽 서포터스의 광적인 열정을 불러일으킨다. 첫 번째 라운드는 미니 리그(8개조, 1조당 4개 클럽) 형식으로 치러지고 조에서 1, 2위가 16강에 진출한다. 조별 예선과 16강, 8강, 4강, 준결승, 그리고 결승까지 홈 앤 어웨이 방식으로 치러진다.

2012년 코린치안스의 스트라이커 에메르송이 힘들게 길을 연다.

형제이자 적

아르헨티나와 브라질은 남미 축구 패권을 놓고 싸운다. 그들은 같은 언어를 사용하지 않는다. 아르헨티나는 스페인어를 쓰고, 브라질은 포르투갈어를 쓴다. 하지만 아르헨티나와 브라질 선수들은 개개인의 기술과 전술적 감각, 때로는 터무니없어 보일 정도로 놀라운 독창성으로 축구의 세계를 매혹한다. 모든 주요 유럽 클럽에는 아르헨티나와 브라질에서 온 선수들이 중요한 자리를 차지하고 있다. 펠레, 가린샤, 지쿠, 마라도나, 호나우두, 카카, 그리고 바티스투타, 디마리아, 네이마르와 같은 선수들은 세계적인 아이콘이 되었다.

2008년에서 2010년까지 아르헨티나 국가대표팀 감독을 맡았던 전설적인 축구스타 디에고 마라도나

남미를 대표하는 국가들

국가	우승(2021년 기준)
• 아르헨티나	25회
• 브라질	20회
• 우루과이	8회
• 파라과이	3회
• 콜롬비아	3회
• 칠레	1회
• 에콰도르	1회

연도별 우승팀

2014년	산 로렌소(아르헨티나)
2015년	리버 플레이트(아르헨티나)
2016년	아틀레티코 나시오날(콜롬비아)
2017년	그레미우(브라질)
2018년	리버 플레이트(아르헨티나)

월드컵

올림픽 다음으로 가장 인기 있는
스포츠 행사인 월드컵은 벌써
21회(2021년 기준)를 맞이했다.

기나긴 역사

매일 전 세계에서 국가 혹은 클럽 간 축구 경기가 열린다.
월드컵 우승은 수백만 축구 선수들의 꿈이다.

조직

국제 대회를 개최하기로 한 결정은 FIFA에 의해
1905년에 이루어졌다. 참가를 원하는 국가는 1905년 8월
31일 전에 등록을 마쳐야 했다. 하지만 첫 번째 월드컵이
열린 것은 25년(1930년) 후였다!

본선 진출 32개국

현재는 지역별 예선전을 거친 32개국이 4년마다 열리는
월드컵 본선에 참여한다. 여러 대륙 중 유일하게 유럽이
거의 절반을 차지한다. 본선에는 물론 개최국과 지난
대회 우승국이 포함된다.

본선 진출국 증가

FIFA는 카타르에서 열리는 2022년 월드컵 본선 진출국을
48개로 늘리는 것을 고려했다. 베두인 국가에서 펼쳐지는 완전히
새로운 구성이었다.

우승컵(순금)은 FIFA가 소유하고 있다.
각 우승국은 보관할 수 있는 복제품을 받는다.

첫 번째 월드컵: 1930년 우루과이 월드컵

우루과이는 결승전에서 아르헨티나를 4대2로 꺾었다. 우루과이 득점자는 도라도, 세아, 이리아르테, 카스트로, 아르헨티나 득점자는 페우세예와 스타빌레이다.

첫 번째 월드컵, 첫 번째 패자

부에노스아이레스에서 아르헨티나 국민들은 국가대표팀 패배에 분개하였고, 이들을 진정시키기 위해 군대가 필요했다. 유럽인들은 월드컵을 위해 특별히 지어진 센테나리오 경기장에 방문하고 매우 놀랐는데, 10만 8천 명을 수용할 수 있는 경기장을 본 적이 없었기 때문이다!

1930년, 역사적인 첫 번째 월드컵 결승전에서 깃발을 교환하고 있다.

즐거운 크루즈 여행

첫 번째 월드컵이 열린 개최국 우루과이에 가기 위해서 3개의 유럽 대표팀이 콘테 베르데라는 호화 유람선에서 만났다. 프랑스 팀은 빌프랑슈-쉬르-메르에서, 루마니아 팀은 제노바에서, 그리고 벨기에 팀은 바르셀로나에서 승선했다. 적도를 가로질러 가는 여정은 잊을 수 없는 축제의 시간이었다. 배는 브라질 대표팀을 태우기 위해 리우데자네이루에서 경유했다. 16일에 걸친 광란의 크루즈 여행 후, 선수단은 마침내 7월 5일 몬테비데오에 도착했다.

6분 때문에!

1930년 7월 15일, 아르헨티나와 프랑스가 맞붙었다. 81분에 아르헨티나 선수가 프랑스 골네트를 갈랐다. 3분 후 프랑스 공격수인 라그리예가 슈팅을 준비할 때 심판이 종료 휘슬을 불어버렸다. 심판이 6분의 시간을 놓친 것이었다. 경기장에서 소란이 일어났다. 심판은 자신의 결정을 철회하고 다시 경기를 재개시켰다. 프랑스는 상대방에 골을 넣기 위해 돌진했지만 결국 득점에는 실패했다.

1930년대

몇몇 국가들이 첫 번째 월드컵에 초대되었지만 그 누구도 이 대회가 4년마다 열리는 세계적인 대회가 될 거라고는 상상하지 못했다.

1934년 이탈리아 월드컵

이탈리아는 결승에서 연장 끝에 체코슬로바키아를 2대1로 이기고 우승하였다. 이탈리아 득점자는 오르시와 스키아비오, 체코슬로바키아 득점자는 푸치이다. 유럽 국가 간 결승전이었고, 이탈리아는 우승으로 국민들을 만족시키기 위해 마지막 순간까지 기다려야 했다.

정치가 축구에 간섭할 때

당시 이탈리아에서는 한창 파시스트 정권이 국가를 장악하고 있었고 베니토 무솔리니를 떠받들고 있었다. 이탈리아와 스페인의 8강전은 매우 폭력적이었다. 스페인의 기술 축구에 대항하여 이탈리아 선수들은 태클이 난무하는 어렵고 격양된 경기를 치렀다. 경기는 1대1 무승부로 끝났고 다음 날 같은 분위기에서 믿기 힘든 판정의 심판 아래 재경기가 열렸다. 스페인 선수들은 충돌로 인해 고통을 겪었다. 경기는 1대 0으로 기울었고, 우승으로 가는 길이 이탈리아에게 열렸다.

두 번째 월드컵 포스터는 이탈리아 파시스트 정권을 강조했다.

1938년 프랑스 월드컵

이탈리아는 결승전에서 4대2로 헝가리를 꺾었다. 이탈리아 득점자는 콜라우시(2골), 피올라(2골), 헝가리 득점자는 티트코시와 샤로시이다. 긴장된 분위기 속 월드컵 결승전에서 극도로 흥분한 이탈리아가 연속으로 맛본 승리였다. 세 번째 월드컵은 프랑스에서 열렸는데 제2차 세계대전이 시작하기 1년 전이었다. 브라질은 처음으로 잠재력을 선보였지만, 여전히 강한 것은 '오래된' 유럽 대륙이었다. 지난 대회 우승 팀이었던 이탈리아는 결승전에서 강력한 헝가리 대표팀을 꺾었다. 전쟁은 곧 유럽을 덮쳤고, 월드컵은 1950년까지 보류되었다.

1938년 월드컵에서 맞붙은 독일 골키퍼와 스위스 스트라이커

1950년 브라질 월드컵

우루과이는 결승전에서 브라질을 2대1로 꺾고 우승을 차지했다. 우루과이 득점자는 스치아피노, 기지아이고 브라질 득점자는 프리아사이다. 브라질 역사상 가장 실망스러운 사건이었다. 브라질은 마라카낭 경기장의 수많은 관중들 앞에서 패배했다.

혼란에 빠진 마라카낭 경기장

세계에서 가장 큰 경기장인 마라카낭 경기장은 1950년 브라질 월드컵 결승전, 특히 세계 챔피언인 브라질을 위해 지어졌다. 하지만 뜻밖에도 브라질은 두 번째 우승컵을 거머쥐게 된 우루과이에 패했다. 이 패배로 인해 브라질에서는 국민들이 자살하는 사건이 연달아 일어났고, 오늘날까지도 여전히 브라질 축구의 수치로 남아있다. 당시 골키퍼였던 모아시르 바르보사는 브라질 대표팀에 안겨준 자신의 치명적인 실수를 평생 동안 후회했다.

미스터리한 경기장

마라카낭은 브라질 국민의 모든 위업과, 기쁨과 비극이 담긴 경기장이다. 1950년 7월 24일 문을 연 경기장에서 브라질 국민들은 훌륭한 공격수 디디가 상대 골키퍼를 깜짝 놀라게 하는 환상적인 슛을 쐈을 때 전율했다. 회전한 공은 높게 올라가서 부드럽게 떨어졌다. 마치 '낙엽'처럼. 역사적 기념물로 등재된 마라카낭 경기장은 2014년 월드컵이 시작할 때쯤 개축하였고 그 결과 이전에 20만 명을 수용했던 경기장이 7만 8천 명이 수용하는 경기장으로 탈바꿈했다.

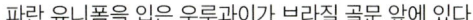

파란 유니폼을 입은 우루과이가 브라질 골문 앞에 있다.

1954년
스위스 월드컵

서독은 결승전에서 헝가리를 3대2로
꺾었다. 서독 득점자는 모를락과 란(2골),
헝가리 득점자는 푸슈카시와 치보르이다.
무적의 헝가리 국가 대표팀은 매우 강력한
우승후보였지만 독일 대표팀은 축구 경기는
경기 시작 전에 우승자가 결정되지 않는다는
것을 증명했다.

결승전 킥오프 직전 헝가리 국가 대표팀 주장 푸슈카시 페렌츠와
독일 국가 대표팀 주장 프리츠 발터

산도르 코츠시스

헝가리 출신 공격수(1929~1979)
전 시대 통틀어
최고 공격수 중
하나로 평가받는 코츠시스는
1950년에서 1955년에 세계 축구를
지배하던 헝가리 국가 대표팀의
스타이다. 강력한 헤더 덕분에 국가
대표로 68경기에 출전하여 75골을
기록했다.

우리는 헝가리를 기다렸다

푸슈카시, 코츠시스, 치보르와 같은 훌륭한 선수들이
이끌던 헝가리 국가 대표팀은 4년 동안 무패행진을
이어갔고 1954년 스위스 월드컵 우승후보로 떠올랐다.
푸슈카시의 부상과 몸싸움이 난무했던 브라질과의
8강전에도 불구하고 무난하게 결승까지 진출했다.
　베른에서 열린 결승전에서 헝가리 팀은 그들보다 센
강자를 만나게 되었다. 독일 대표팀은 84분 란이
터트린 결승골로 우승을 빼앗아갔다.

조롱당한 프랑스!

수많은 프랑스 서포터스는 스위스로 이동하여
팀을 응원했다. 그들은 주장 로베르 종케가
이끄는 대표팀에 많은 희망을 걸고 있었다.
하지만 안타깝게도 대회에 참여한 것은
매우 힘없는 레블뢰 군단이었다. 경기장
주변에서는 염려 섞인 소문도 돌았다.
'감독이랑 사이가 안 좋았나 봐'
'수당이 적었나 봐'…

푸슈카시 페렌츠

**헝가리, 스페인 출신 공격수
(1927~2006)**
신체적 조건이 인상적이지는 않지만,
그의 신비한 왼발은 전설적인 골을
만들어냈다. 축구 선수로서 푸슈카시의
삶은 두 개의 시대로 나눌 수가 있다. 첫
번째는 그의 조국 헝가리에서, 두 번째는
망명하여 전성기를 보낸 레알 마드리드의
스페인에서.

1958년
스웨덴 월드컵

우승국은 브라질, 스웨덴과의 결승전에서 5대2로 승리했다. 브라질 득점자는 바바(2골), 펠레(2골), 자갈루이고 스웨덴 득점자는 리드홀름과 시몬손이다. 브라질 대표팀이 펠레라는 젊은 천재를 소개하게 된 자리였다. 프랑스는 준결승에 진출하며 처음으로 역사적인 무대를 밟게 되었다.

공격 대가인 브라질은 그들의 땅인 스톡홀름에서 스웨덴에게 창피를 주었다.

펠레(에드송 아란치스 두 나시멘투)

브라질 출신 공격수(1940)

파워풀하고, 통찰력 있고, 빠르고, 정확하고 뛰어난 테크니션이자 경기당 평균 1골씩 기록한 최고의 스트라이커인 펠레는 유일무이한 전설이다! 1994년 브라질의 스포츠부 장관이 되었고 그 후 UN과 유네스코 대사가 되었다. 살아있는 축구 전설인 펠레는 브라질뿐만 아니라 전 세계에서 여전히 사랑받고 있다.

역사 속으로 들어온 펠레

1958년 6월 19일, 브라질과 웨일스의 경기에서 젊은 브라질 공격수인 에드송 아란치스 두 나시멘투는 자신의 월드컵 첫 득점을 기록했다. 전 세계가 역대 최고 선수인 '펠레'를 발견한 순간이었다.

영웅들

1958년 6월 8일, 프랑스와 파라과이의 경기에서 전반 24분에 쥐스트 퐁텐은 프랑스 대표팀 첫 골을 기록했고 프랑스 대표팀은 7대3으로 승리했다. 퐁텐은 그가 이후에도 이 대회에서 12골을 더 넣는다는 것과 단일 대회 최다 득점 기록이 50년이 지난 뒤에도 깨지지 않는다는 사실을 알지 못했을 것이다.

레몽 코파

프랑스 출신 공격수(1931~2017)

진정한 축구 천재였던 코파는 '축구계 나폴레옹'이라는 별명을 가졌다. 뛰어난 퀄리티의 경기를 선보이는 그는 팀을 위해 헌신적이었다. 그는 레알 마드리드라는 해외 빅클럽에서 뛰었던 최초의 프랑스 선수 중 한 명이었다.

1962년 결승전이 끝난 뒤 당시 브라질 축구 대표팀 주장이었던 디디가 우승컵을 흔들고 있다.

1962년 칠레 월드컵

우승국은 브라질, 결승전에서 체코슬로바키아를 3대1로 이겼다. 브라질 득점자는 아마리우두, 지투, 바바이고 체코슬로바키아 득점자는 마소푸스트이다. 칠레 월드컵은 어려운 대회였지만 결승전은 비교적 무난하게 끝났다.

긴박함 속에서

칠레 수도인 산티아고의 에스타디오 나시오날 데 산티아고에서 열린 칠레와 이탈리아 경기만큼 폭력적인 경기는 월드컵 역사상 존재하지 않을 것이다.

쥐스트 퐁텐

프랑스 출신 공격수(1933)
퐁텐은 월드컵 역사상 최고의 스트라이커로 기억된다. 우아하고 재주 있는 스트라이커이자 기회를 놓치지 않는 그는 1958년과 1960년 프랑스 리그 우승을 경험했다. 심한 부상으로 인해 젊은 나이에 일찍 은퇴했다.

폭력이 축구를 지배했을 때

경기에 압도당한 심판, 배타적이고 매우 흥분한 관중들, 화가 난 선수들, 주먹다짐, 목 태클, 욕설, 전반전에 퇴장당한 2명의 이탈리아 선수들, 축구 팬들은 그날 아무도 너그럽지 못했다. 칠레는 2골을 기록하여 승리했다.

레프 야신

소련 출신 골키퍼 (1929~1990)
검은 거미라는 별명을 가진 야신은 역사상 가장 위대한 골키퍼이다. 그의 위협적인 장신은 페널티 에어리어까지 도달한 상대팀 선수에게 위압감을 주었다. 뛰어난 반사 신경과 악마적인 재능을 겸비한 그는 공을 능수능란하게 막아냈다.

마누에우 가린샤

브라질 출신 공격수(1933~1983)
그 누가 무릎이 휘어진 이 선수가 앞으로 훌륭한 커리어를 가질 것이라고 예측이나 했을까? 가린샤는 상대팀 선수를 속이기 위하여 자신의 휘어진 다리를 사용했다. 막을 수 없는 스타트와 드리블은 풀백들을 좌절시켰다.

1966년 잉글랜드 월드컵

우승국은 잉글랜드이며, 연장전 끝에 서독을
4대2로 이겼다. 잉글랜드 득점자는 허스트[3골]와
피터스이며 서독 득점자는 할러와 베버이다.
안방에서 잉글랜드는 연장전 끝에 서독을 물리쳤고
마침내 월드컵 우승 트로피를 손에 쥐었다.

논란의 여지가 있는 동점골

결승전은 10만 관중이 모인 웸블리 경기장에서
열렸다. 그중 8만 명은 자국팀을 응원하는 잉글랜드
국민들이었다. 잉글랜드는 2대1로 경기를 리드하고
있었다. 89분에 심판이 수비수 슈넬링거의 명백한
핸들링 파울을 인정하지 않았고 서독에 동점골을
내주었다.

잉글랜드 주장 보비 무어가 엘리자베스 2세
여왕으로부터 우승컵을 건네받고 있다.

그리고 또 다른 골!

연장전에서도 심판의 또 다른 실수를 저질렀고
잉글랜드의 허스트 골이 인정되었다. 논스톱
슛이 크로스 바를 강타해서 다시 튀어오른
것이다. 골라인을 넘어가지 않고!

월드컵 역사상 가장 아름다웠던 결승이 끝난 뒤 브라질 국가 대표팀 주장인 카를루스 아우베르투가 나오고 있다.

1970년 멕시코 월드컵

우승국은 브라질이며, 이탈리아를 4대1로 꺾고 우승을 차지했다. 브라질 득점자는 펠레, 제르송, 자이르지뉴, 카를루스 아우베르투이고 이탈리아 득점자는 보닌세냐이다. 전 세계를 뜨겁게 만든 브라질 국가 대표팀이 우승한 전설적인 월드컵이다.

전설적인 두 경기

이탈리아와 서독의 준결승전은 스릴 넘치는 경기였다. 잊을 수 없는 연장전 끝에 이탈리아가 4대3으로 승리했다. 더 놀라운 것은 결승전이었다. 이탈리아는 브라질의 놀라운 플레이에 저항할 수가 없었다. 10만 7천 명 관중과 수백만 시청자는 축구의 마법사인 펠레, 제르송, 히벨리누, 토스탕 그리고 카를루스 아우베르투의 매력에 빠졌다.

전설적인 경기장

멕시코 아즈테카 경기장은 1966년 문을 열었다. 2,000m 해발고도에 위치한 이 경기장은 유일하게 두 번의 월드컵 결승전(1970년, 1986년)을 치른 경기장이다. 경기장에는 펠레, 마라도나, 그리고 마테우스와 베켄바우어의 눈부신 활약의 추억이 남아있다. 사람들은 이 경기장이 아름다운 플레이를 '서포트'하는 곳이라 말한다. 경기장을 사용하는 홈 클럽은 클루브 아메리카이다.

게르트 뮐러

서독 출신 공격수(1945)
작은 체구이지만 이 골 사냥꾼은 항상 공을 네트 가운데에 맞추는 법을 알고 있었다. 그는 6시즌 동안 독일 최고 스트라이커였고, 유러피언 골든슈를 수상했다. 그는 역대 월드컵 선수 중 최고 스트라이커 중 한 명이다.

산드로 마촐라

이탈리아 출신 미드필더(1942)
그의 아버지(유명한 축구선수)로부터 20년이 지난 후, 마촐라는 이탈리아 국가 대표팀의 중요한 선수가 되었다. 그는 매우 단단한 수비 전술이 강하던 시대에 뛰었지만, 그는 빠르고 능숙하며 상대 수비수를 속이는 플레이에 능했다.

1974년 독일 월드컵

우승국은 서독. 결승전에서 네덜란드를 2대1로 꺾었다. 서독의 득점자는 브라이트너, 뮐러이고 네덜란드 득점자는 네이스컨스이다. 독일은 매우 강했고, 자신의 안방에서 열정적이고 혁신적인 네덜란드 대표팀에 승리했다. 유럽이 세계 축구를 지배하기 시작했다.

베켄바우어, 뮐러, 브라이트너, 월드컵 주역들

'오렌지 군단' 토털 사커

대부분 아약스 암스테르담 클럽에서 뛰고 있는 선수들로 구성된 네덜란드 축구 선수들은 1974년 월드컵 관중들을 흥분시켰다. 모두가 공격하고 모두가 수비할 수 있는 매우 명민한 토털 사커 주인공들인 오렌지 군단은 첫 번째 월드컵 우승 트로피를 가져가길 원했다. 하지만 네덜란드는 매우 조직적이고, 홈 경기의 이점을 가진 독일이 놓은 덫에 빠지고 말았다.

결승전에 무혈입성한 칠레 대표팀

피노체트 군부 정권에 반대하여 소련은 칠레와의 예선전이 치러지는 산티아고에 자국 국가 대표팀을 보내는 것을 거부했다. 그러나 심판은 칠레 팀만이 서 있는 경기장에서 킥오프를 선언했고, 발데스는 비어있는 상대팀 골네트에 득점함으로써 칠레가 승리했다. 칠레가 예선전을 통과한 것이다!

요한 크라위프

네덜란드 출신 공격수(1947~2016)

1974년 그는 네덜란드 팀에서 가장 빛나는 선수였다. 우아하고 활기차고 정확한 스트라이커이자 천재적인 패스 능력의 소유자였던 크라위프는 수년 동안 세계 최고 선수로 간주되었다. 은퇴한 후 그는 공격적이고 화려한 전술을 사용하는 존경받는 감독이 되었다.

프란츠 베켄바우어

서독 출신 수비수(1945)

축구 역사상 베켄바우어는 아마도 가장 훌륭한 기록의 소유자일 것이다. 보기 드문 우아함과 효율성을 가진 그는 클럽과 독일 대표팀에 없어서는 안 될 선수였다. 심지어 1970년 월드컵에서 쇄골이 부러지는 부상에도 팔에 붕대를 감고서 경기에서 뛰기도 했다. 은퇴 후 그는 선수 시절과 마찬가지로 감독, 그리고 회장으로서 성공적인 커리어를 이어갔다.

1978년 아르헨티나 월드컵

우승국은 아르헨티나, 결승전에서 네덜란드를 3대1로 물리쳤다. 아르헨티나 득점자는 켐페스(2골), 베르토니, 네덜란드 득점자는 나닝아이다. 네덜란드에게는 연속으로 맛본 월드컵 결승전 패배였지만, 개최국인 아르헨티나에는 당연한 승리였다.

우승컵을 손에 쥐고 승리를 맛보는 아르헨티나 선수들

또 한 번 '압착된' 오렌지 군단

복수심에 불탄 네덜란드는 또 한 번 개최국을 상대로 월드컵 결승전에 진출했다. 결승전은 매우 빡빡했고, 아르헨티나 승리가 예상되었다. 몇몇 국가들은 아르헨티나 정권의 독재에 반대하여 보이콧을 할 생각도 했지만 월드컵은 열렸고 축구는 복잡한 현실 세계에서 또 한 번 중재자로서의 역할을 해냈다.

마리오 켐페스

아르헨티나 출신 공격수(1954)

파워풀한 피지컬과 기술은 켐페스를 1978년 월드컵의 영웅으로 만들었다. 경기장 여기저기를 누비던 그는 긴 머리를 휘날리며 아르헨티나 공격의 최전방에 섰다.

이상한 유니폼!

1978년 조별리그 세 번째 경기에서 헝가리와 맞붙은 프랑스 대표팀은 파란색 유니폼이 아닌 상대팀과 같은 흰색 유니폼을 입고 경기를 뛰었다. 심판은 프랑스 팀을 패배시킬 것을 고려했다. 결국 아르헨티나의 한 클럽이 막판에 프랑스 팀에 유니폼을 빌려주었고, 녹색과 흰색 줄무늬 유니폼을 입은 프랑스가 3대1로 승리했다. 단언컨대 프랑스 축구 대표팀 역사상 처음이자 마지막 유니폼일 것이다!

프랑스 컬러는 초록과 흰 유니폼보다는 파란색 반바지와 빨간 양말이 더 적합하다!

1982년
스페인 월드컵

주장 디노 조프가 스페인 왕 앞에서 우승컵을 들고 있다.

우승국 이탈리아는 결승전에서 독일을 3대1로 꺾었다. 이탈리아 득점자는 로시, 타르델리, 알토벨리이고 독일 득점자는 브라이트너이다. 1982년 스페인 월드컵은 브라질이 리드한 위대한 월드컵이었다. 바르셀로나의 캄프 누에서는 브라질과 아르헨티나의 환상적인 조별리그 2라운드 경기가 펼쳐졌다.

기억에 남을 만한

강력한 우승 후보였던 브라질 팀은 준결승전에서 흥분한 이탈리아 팀을 맞아 3골을 기록한 센터포워드 파올로 로시 덕분에 승리를 양보해야 했다.

준결승전

또 다른 준결승전에서는 프랑스와 서독이 맞붙었다. 플라티니가 이끌던 레블뢰는 연장전에서 3대1로 우위를 점하고 있었다. 하지만 독일이 경기를 원점으로 되돌렸다. 경기는 심각한 상황에 직면했다. 독일 골키퍼 슈마허가 문자 그대로 프랑스 공격수 바티스통을 때려잡은 것이다. 독일은 승부차기 끝에 5대4로 승리했다.

미셸 플라티니

프랑스 출신 공격수이자 미드필더(1955)

플라티니는 레몽 코파와 지네딘 지단과 함께 프랑스 역사상 가장 위대한 선수이다. 뛰어난 기술과 비범한 통찰력을 가진 플라티니는 천재적인 스트라이크였다. 그는 상대팀 벽을 우회하는 환상적인 프리킥으로 기억된다. 프랑스 대표팀을 이끌었고, 2007년 1월 UEFA 회장으로 당선되었던 플라티니는 훌륭한 프랑스 축구 대사이다.

디노 조프

이탈리아 출신 골키퍼(1942)

디노는 점잖지만 우수한 골키퍼였다. 이탈리아 대표팀으로 110경기에 참여하였고 12경기 연속으로 득점을 내주지 않았다. 또한 그는 자신의 클럽인 유벤투스에서도 10경기 연속 무패행진을 이어갔다.

세계 챔피언의 자리에 오른 아르헨티나 팀의
호르헤 부루차가가 승리의 포즈를 취하고 있다.

1986 멕시코 월드컵

아르헨티나는 서독을 3대2로 꺾고 우승을
차지했다. 아르헨티나 득점자는 브라운,
발다노, 부르차가이며 서독 득점자는
루메니게, 푈러이다. 프랑스는 '결승전'을
앞두고 짐을 싸야 했다.

역사상 가장 멋진 경기?

수많은 관중들이 보기에, 당시 브라질과
프랑스의 8강전이 축구 역사상 가장 성공적이고
가장 기술적인 경기라고 생각할 것이다. 프랑스
팀은 완벽한 경기를 펼쳤다. 하지만 준결승
진출자를 결정하려면 끔찍한 승부차기를 해야
했다. 플라티니는 실축했지만 페르난데즈가
프랑스 팀을 살려주었다. 프랑스는 기쁨으로
울었지만 브라질에서는 슬픔에 압도된 7명의
심장 마비자가 발생했고 2,000명이 병원 신세를
져야 했다.

골든 보이의 신의 손

아르헨티나와 잉글랜드의 8강전은 1986년
8월 22일에 열렸다. 상대팀 선수보다 더 높이
뛰어오른 마라도나는 발다노가 센터링한 공을
손으로 득점했고, 잉글랜드는 분노했다. 이것이
그가 훗날 말하는 '신의 손' 사건이다. 몇 분
후 그는 잉글랜드 골키퍼를 제치고 왼쪽에서
슛을 날려 월드컵 역사상 가장 아름다운 골을
기록했다. 이러한 이유 때문에 그에게 '엘 피베 데
오로' 즉, 골든 보이라는 별명이 붙었다.

쟝피에르 파팽

프랑스 출신 공격수(1963)

그는 타고난 골잡이이다.
매복하고 있는 사냥꾼같이
정확한 골 냄새를
맡고 괴물 같은
대담함으로 슛을
날린다. 마르세유는 북쪽
출신 파팽을 영입했다. 그 후 AC 밀란과
바이에른 뮌헨을 거쳤다. 보르도, 갱강과
아마추어 클럽에서 커리어를 마감하기
전까지 프랑스 대표팀에서 전성기를 보냈고, 오늘날
감독으로 활약하고 있다.

심판만이 마라도나의 손을 보지 못했다.

1990년 이탈리아 월드컵

1990년 월드컵 결승전에서 독일 선수 루디 푈러가 아르헨티나 선수들보다 더 높이 뛰어오르고 있다.

챔피언 독일은 결승전에서 아르헨티나를 1대0으로 꺾었다. 브레메가 넣은 페널티킥이 결승골이었다. 결승전에 3회 연속으로 진출한 독일의 싱거운 승리였다. 예선전을 통과한 건 서독이었지만, 평화의 찬가처럼 통일된 독일이 승리를 함께 만끽했다.

아프리카 센세이션

개막전은 지난 대회 우승자이자 강력한 우승후보인 아르헨티나와 카메룬의 경기였다. 하지만 아르헨티나는 단단한 수비의 카메룬을 뚫지 못하고 1대0으로 패배했다. 1990년 이탈리아 월드컵의 첫 이변이 일어났다.

한 발짝 더 나아가다

카메룬은 그 후에도 루마니아와 콜롬비아를 상대하며 2대1로 승리를 거두었다. 카메룬의 스트라이커는 카메룬의 축구 영웅, 로제 밀라 한 명뿐이었음에도 말이다.

로타어 마테우스

독일 출신 미드필더(1961)

그가 세계적인 선수가 된 것은 꽤 시간이 지난 후였다. 경기를 지배하는 역할을 했던 인터 밀란으로 이적 이후, 마테우스는 또 다른 차원을 경험했다. 1992년 독일로 돌아온 마테우스는 바이에른 뮌헨의 리베로 자리를 차지했다. 미국 구단의 연봉에 매료되어 뉴저지로 떠나기도 했다. 다시 유럽에 돌아왔을 때, 지도자로서 또 다른 울타리를 넘어섰다. 마테우스는 독일 대표팀에서 150 경기를 뛰었다.

디에고 마라도나

아르헨티나 출신 공격수(1960~2020)

부에노스아이레스 가난한 동네를 떠난 이 축구 천재는 나폴리 왕이자 축구 황제가 되었다. 사악하고 영리한 이 작은 체구의 마라도나는 자신보다 큰 공격수들도 이겨냈다. 그의 업적에 대한 기억을 변질시킬 것은 사실 아무것도 없지만, 과도한 행동이 과거의 영광을 가리고 커리어를 너무 일찍 끝낸 건 유감스러운 일이다.

1994년 결승전은 월드컵 역사상 최초로 승부차기로 결정되었다.

1994년 미국 월드컵

우승국 브라질은 이탈리아와의 승부차기에서 3대2로 승리했다. 모두가 결승전을 기다렸지만, 경기는 실망스러웠다. 브라질은 덜 공격적이었고 훨씬 더 '현실적'이었다. 통산 4번째 우승을 거머쥐었지만 승부차기를 통해서였고, 이것은 월드컵 역사상 처음 있는 일이었다.

늙은 사자 밀라

1994년 6월 28일 잉글랜드와의 경기에서 골을 넣은 카메룬의 로제 밀라는 월드컵 최고령 골을 기록했다. 당시 그는 42세 하고도 38일이 지난 나이였다.

사커에 대해서?

미국이 처음으로 월드컵 본선을 개최했다. 미국은 콜롬비아를 꺾고 16강에 진출했고 이 승리는 어마어마한 열정을 불러일으켰다. 이후 1994년 7월 4일, 8만 5천 명 관중 앞에서 대회 챔피언이 될 브라질과 경기를 펼쳤다. 경기는 1대0으로 패배했지만, 그날 수백만 명 미국인들은 '사커'라고 부르는 스포츠에 열광하였다.

살해당한 '자책골의 사나이'

조별리그 첫 경기에서 패배한 콜롬비아는 미국과의 경기에서 반드시 승리해야 했다. 하지만 안타깝게도 존 하키스의 공을 잘못 친 수비수 안드레스 에스코바르는 자책골을 터트렸다. 콜롬비아는 탈락했고 2주 뒤 메데인의 나이트클럽에서 한 광신자가 에스코바르의 차에 접근했다. 그는 에스코바르를 '자책골의 사나이'라고 불렀고, 12발의 총탄을 발사해서 에스코바르를 살해했다. 에스코바르는 27세였고, 그의 유일한 잘못은 자신의 골대에 골을 넣은 것뿐이었다.

호마리우

브라질 출신 공격수(1966)

환상적인 골 사냥꾼인 호마리우는 1994년 미국 월드컵 우승 이후 브라질의 진정한 영웅이 되었다. 그는 승리를 견인한 5골을 넣은 주요 선수 중 한 명이었다.

1998년 프랑스 월드컵

우승자 프랑스는 브라질에 3대0으로 승리했다.
프랑스 득점자는 지단(2골), 프티였다. 8만 관중과
수백만 시청자가 지켜보는 홈경기장 스타드 드
프랑스에서 자케 감독이 이끄는 프랑스는 당황한
브라질에게 일말의 희망도 허락하지 않았다.
2골을 기록한 지단은 세계 축구계에서 최정상
자리에 올랐다.

대망의 결승전

프랑스는 첫 월드컵을 개최하고 난 뒤 50년 만에
다시 프랑스에서 월드컵을 개최하게 되었다.
프랑스와 브라질의 결승전은 1998년 7월 12일에
열렸다. 레블뢰 군단은 첫 번째 우승을, 브라질은
5번째 우승을 기다렸다.

호나우두

브라질 출신 공격수(1976)

호나우두가 17살이었을 때 그는 브라질 대표팀에
발탁되었다. 많은 사람들이 펠레의 영적인 아들로 생각하는
호나우두는 위대한 재능을 가지고 있는 파워풀하고 명석한
선수였다. 그는 누구보다 빨리 정상에 오르는 법을 알고
있었다. 여러 번의 부상, 특별히 무릎
부상에도 불구하고 호나우두는 가장
위대한 공격수 중
하나로 남아있다.

마침내 세계 챔피언 자리에 오른 프랑스.

조로가 나타났다

브라질에는 스타 선수들이 즐비해있었다.
레오나르두, 호베르투 카를루스, 호나우두,
히바우두 그리고 베베투. 프랑스는 우승
후보가 아니었지만 특별한 선수가 있었다.
마법과 같은 그의 헤더는 전반전에만
두 번이나 브라질 골네트를 갈랐다. 조로가
나타난 것이다! 그의 이름은 지네딘 지단이고,
그는 프랑스 월드컵을 통해 세계 축구의
레전드가 되었다.

첫 번째 별

월드컵에서의 놀라운 우승
이후, 프랑스 축구는 세계
축구의 창공에 들어섰고,
세계 챔피언 레블뢰 군단은
스타가 되었다.

조로의 황금 머리, 지네딘 지단

온통 파란색으로 물든 프랑스

프랑스에서는 축구에 대해 이렇게 흥분한 적이
없었다. 남녀노소 할 것 없이 국가 전체가 며칠
동안 월드컵 우승 주역들을 열렬히 환대했다.
수많은 어린이들이 축구교실에 등록했다.
프랑스는 온통 파란색으로 물들었다.

파비앵 바르테즈

프랑스 출신 골키퍼(1971)

만약 바르테즈가 가족의 길을
따라갔다면 그는 럭비 선수가
되었을 것이다. 하지만 그는 축구를
선택했고 그것은 그가 속한 클럽과
프랑스 국가 대표팀에게는 큰
행운이었다. 직관적이고 빠르며
뛰어나고 발에 능한 바르테즈는
지구상에서 가장 훌륭한
골키퍼로 자리매김했다.

지네딘 지단

프랑스 출신 미드필더, 공격수(1972)

그는 프랑스 축구선수 중 가장 훌륭한
선수 중 한 명이다. 마르세유에서
태어난 알제리계 프랑스인인 지단은
월드컵과 유럽 선수권 대회에서
모두 성공을 거두었다. 축구 역사상 가장
큰 이적 중 하나였던 레알 마드리드로의
합류 이전에 유벤투스의 팬들을 매료했다.
지단은 2006년에 은퇴했다.

한 세대

새로운 세대가 자리 잡으려면 20년의 시간이
필요하다. 프랑스에서의 첫 번째 우승과 음바페,
그리즈만 그리고 포그바와 같은 선수가 이끄는
러시아에서의 두 번째 우승 사이의 간격이
정확히 20년이었다. 2018년은 또 다른 역사의 한
페이지이다.

2002년 한일 월드컵

월드컵 5회 우승을 이뤄낸 브라질 대표팀

결승전에서 브라질은 독일을 2대0으로 이겼다.
호나우두 혼자 2골을 기록했다. 역사상 처음으로 월드컵이
아시아에서, 또한 2개 나라에서 공동으로 열리게 되었다.
브라질은 호나우두, 호나우지뉴, 또한 경이로운 호베르투
카를루스의 결합된 재능 덕분에 5번째 별을 차지할 수 있었다.
독일은 결승전에서 4번째로 패배하였다.

조용한 아침의 나라와 해 뜨는 나라에서

1995년 5월, FIFA가 2002년 월드컵이 한국과 일본에서 열린다고
발표했을 때, 사람들은 매우 놀랐다. 첫 번째 이유는 아시아는
아직 세계에서 가장 큰 축구 대회인 월드컵을 개최할 준비가 되지
않았다고 생각했기 때문이다. 또 한편으로는 오랫동안 전쟁을
치렀던 두 개 경쟁국을 어떻게 하나로 모을 수 있을지 몰랐기
때문이다. 하지만 한국과 일본은 월드컵을 잘 치러냈고, 이는
축구를 위한 위대한 승리였다.

데이비드 베컴

잉글랜드 출신 미드필더(1975)

재능 있고 우아하고
효과적인 플레이를 펼치는
'멀티플레이어'인 베컴은 보비
찰스턴 이후 잉글랜드가
기다려온 선수였다. 그는
21세기 초에 현대 축구를
구현했고, 전 세계를
통틀어 21세기의
명실상부한
스타이다.
그는 사커와
시네마의 고장인
캘리포니아에서
커리어를
마감했다.

2006년 독일 월드컵

프랑스를 상대로 1대1 무승부 끝에 5대3 승부차기로
승리한 이탈리아가 우승을 차지했다. 프랑스 득점자는
지단, 이탈리아 득점자는 마테라치이다. 이탈리아는
4번째 월드컵 우승을 거머쥐었다. 아르헨티나는
목적을 달성하지 못했고, 브라질의 별들은 꺼졌으며
독일은 너무 약했다. 약 팀으로 분류되었던 포르투갈과
오스트레일리아 선전이 놀라웠다.

결승전에서 나타난 이탈리아 영웅, 마테라치

지단이 후회스러운 행동을 저지른 뒤 뒤돌아서고 있다.
마테라치는 땅에 쓰러졌다.

지단의 박치기

머리로 2골을 넣어 프랑스 승리를 견인한 1998년
월드컵 결승의 영웅이었던 지단은 또한 이탈리아
수비수 마테라치 가슴을 머리로 받으며 2006년
월드컵 결승의 영웅이 되었다. 뛰어난 분석가이자
축구계에서 가장 훌륭한 테크니션 중 한 명인
지단은 그의 머리가 가져다준 상반된 결과로
인해 레전드 반열에 올랐다. 1998년 2골의
헤더로 월드컵 챔피언이 된 것, 또 하나는 2006년
결승전에서의 퇴장과 결승전에서의 패배가
그것이다.

릴리앙 튀랑

프랑스 출신 수비수 (1972)
유로 2004가 실패한 뒤 그는
떠났다. 그러나 불확실한 예선전
경기와 레몽 도메네크 감독의 고집은
그가 대표팀 은퇴를 반복하게 만들었다.
게임을 읽는 능력과 예리한 자리 선정
감각으로 튀랑은 완벽하게 프랑스
대표팀에 녹아들었다.

미하엘 발락

독일 출신 미드필더 (1976)
동독에서 자라고 교육받은
발락은 훌륭한 골
전달자이자 조직자, 그리고
스트라이커이다. 발락은
두 명의 위대한 독일 선수인
베켄바우어와 마테우스 혈통을
잇는다.

2010년 남아공 월드컵

부정할 수 없는 세계 챔피언인 스페인 국가 대표팀

스페인은 결승전에서 네덜란드를 1대0으로 이기며 우승을 차지했다. 득점은 이니에스타. 월드컵 역사상 처음으로 아프리카 대륙에서 월드컵이 열렸다. 그리고 이 영광은 엄청난 성공으로 남아프리카 공화국으로 돌아갔다.

우승 자격이 있는 대관식

스페인은 2010년 남아공 월드컵 우승컵을 가져가면서 우승후보로의 자격을 증명해냈다. 그러나 네덜란드는 강팀이었고, 승리를 결정짓기 위해선 연장전까지 가야만 했다. 브라질, 아르헨티나, 잉글랜드 그리고 특별히 이탈리아와 프랑스는 약했고 실망감을 안겨주었다. 아프리카 팀들은 8강전 승부차기에서 패배한 가나 말고는 자신의 안방에서 좋은 성과를 내겠다는 야망을 실현하지 못했다.

안드레스 이니에스타

스페인 출신 미드필더 (1984)

조용하지만 강한 이니에스타는 세계 최고 선수 중 하나로 자리매김했다. 뛰어난 테크니션인 그는 비교 불가한 조직자이며 리더이다. 최고의 선수이자 2010년 월드컵 결승전의 유일한 득점자인 이니에스타는 유로 2008년 우승, 2010년 우승, 그리고 유로 2012년 우승으로 축구 역사상 가장 훌륭한 기록을 소유하고 있다.

악마의 음악

부부젤라는 남아프리카에서 큰 화제를 불러일으켰다. 모든 경기마다 70cm의 부부젤라 소리가 울려 퍼졌고, 그로 인해 코치진과 선수들이 경기장에서의 소통이 방해될 정도였다.

2014년 브라질 월드컵

괴체가 1득점한 독일이 아르헨티나를 1대0으로 꺾고 우승을 차지했다. 리우데자네이루의 신비로운 마라카낭 경기장에서 독일과 아르헨티나는 결승전에서 3번째로 만났다. 1986년 패배와 1990년 승리 이후 독일은 또 한 번 우승을 거머쥐었다.

독일 승리 골

두려움 없는 독일

지난 대회 챔피언인 스페인은 브라질과 함께 우승 후보 중 하나로 손꼽혔지만 그만큼의 결과를 내지 못했다. 복병이었던 독일과 아르헨티나는 결승전에 진출함으로써 자신의 가치를 증명해냈다. 독일이 연장전 끝에 승리하였고 유니폼에 4번째 별을 추가하게 되었다. 세대교체 중인 프랑스와 벨기에와 코스타리카, 콜롬비아는 나란히 8강전에서 탈락했다.

낙담한 국민들

개최국이자 축구의 왕인 브라질은 자국 월드컵에서 우승을 차지하기를 원했다. 안타깝게도 브라질 팀의 모험은 우승을 차지하는 독일에 7대1로 패배하면서 준결승에서 끝나버렸다. 이 엄청난 치욕 앞에서 브라질 국민들은 좌절할 수밖에 없었다.

슬픔에 빠진 할아버지를 위로하는 손녀딸

리오넬 메시

아르헨티나 출신 공격수(1987)

의심의 여지없이 세계 최고 선수 중 하나이자, 아마도 역사상 위대한 공격수인 메시는 5년 연속으로 발롱도르를 수상했다. 경기장을 가로지르며 드리블한 뒤 골을 넣는 메시를 상대 수비수늘은 잡을 수가 없다. 리오넬 메시는 세계 최고의 스타이다. 메시는 아르헨티나 대표팀과 FC 바르셀로나에서 전성기를 보내고 있다.

월드컵 역대 득점 순위

미로슬라브 클로제	독일	16골	4회 출전
호나우두	브라질	15골	3회 출전
게르트 뮐러	독일	14골	2회 출전
쥐스트 퐁텐	프랑스	13골	1회 출전
펠레	브라질	12골	4회 출전

2018년 러시아 월드컵

프랑스는 결승전에서 크로아티아를 상대로 4대2 승리를 거두었다. 만주키치 자책골을 필두로 그리즈만, 포그바, 음바페가 차례로 득점하였고 크로아티아 선수는 페리시치와 만주키치가 득점을 하였다. 우승후보로 분류되었던 프랑스는 매우 훌륭한 크로아티아 팀을 상대로 승리함으로써 우승후보라는 것을 증명해냈다.

프랑스 팀이 비 오는 모스크바 경기장에서 우승을 만끽하고 있다.

두 번째 별

프랑스는 의심할 여지없이 대회를 지배하면서 두 번째 별을 정복했지만 프랑스 대표팀 중 단 한 명만이 월드컵 2회 우승을 자부할 수 있었다. 바로 1998년 경기장에서 우승을 차지한 뒤 2018년 감독으로서 우승을 차지한 디디에 데샹이었다.

실망한 벨기에

벨기에 팀은 우승후보 중 하나였다. 티보 쿠르투아와 뫼니에를 중심으로 잘 조직된 벨기에는 벨기에 축구 역사상 처음으로 월드컵 결승전에 진출할 뻔했다. 그들은 준결승전에서 좀 더 현실적인 프랑스를 만나서는 안 되었다.

루카 모드리치

크로아티아 출신 미드필더
(1985년 9월 9일)
레알 마드리드 소속으로 챔피언스 리그 세 번째 우승, 크로아티아 대표팀 소속으로 월드컵 결승 진출, 발롱도르 수상, 2018년은 모드리치에게 최고의 한 해였다.

킬리안 음바페

프랑스 출신 공격수
(1998년 12월 20일)
18세에 프랑스 리그 우승, 19세에 월드컵 우승이라는 타이틀을 획득한 음바페는 동료들이 아직 트레이닝 받고 있을 나이에 세계 축구의 절정기에 도달했다. 신속하고 매우 기술적인 공격수인 음바페는 2017년에 합류한 프랑스 대표팀과 파리 생제르맹에서 자신을 상대하는 수비수들을 속이는 재주가 있다.

우승후보들의 몰락

네덜란드와 이탈리아는 본선에 진출하지 못했고, 독일은 조별리그에서 탈락했다. 아르헨티나와 스페인은 16강전에서 탈락했고 브라질은 8강전에서 패배했다. 프랑스와 잉글랜드, 심지어 벨기에와 크로아티아 같은 다른 나라에는 막힘이 없었다. 결승전에서는 눈부신 활약을 펼친 루카 모드리치가 이끄는 크로아티아와 폴 포그바, 앙투안 그리즈만, 킬리안 음바페와 같은 스타가 이끄는 프랑스 팀이 맞붙어 이 3명의 스타가 득점한 프랑스 팀이 우승을 차지했다.

여자 월드컵

2015년 세 번째로 월드컵에서 우승한
미국 여자 축구 대표팀

1991년부터 4년마다 여자 월드컵이 열린다. 첫 회는 중국에서,
가장 최근 월드컵인 2019년은 프랑스에서 열렸다.

12개국에서 24개국으로

1회 월드컵에서는 12개국만이 출전했지만, 그 후 여자 축구의
발전이 이루어지고 21세기 초 많은 나라들이 여자 축구에 눈을
뜨게 되면서 본선 진출팀은 24개국까지 늘어났다. 2019년 월드컵
본선에 진출하기 위해서 143개 팀이 각 대륙 연맹이 개최하는 지역
예선에 참여했다. 개최국은 자동적으로 본선에 진출한다.

사커 전성기

미식축구, 농구, 심지어 야구와
치열한 경쟁을 벌이고 대서양
너머에서는 풋볼이라고
불리는 사커로는 미국 남자
대표팀은 좋은 성적을 거둔
적이 없다. 반면 미국 여자
대표팀은 빠르게 세계적
수준으로 올라섰고, 1991년,
1999년, 2015년 그리고 2019년
우승컵을 차지했다.

미국 수비수가 일본 공격수를 방어한다.

2019년 월드컵에 출전한 프랑스 여자 대표팀

남자 대표팀과 비슷한 수준의 독일 여자 대표팀

유럽에서는 북유럽 국가들이 여자 축구의 강자였고, 1995년에 노르웨이가 우승하였다. 그러나 독일이 유럽을 지배하기 시작했고, 독일 여자 축구팀은 남자 대표팀처럼 2003년과 2007년 우승했다. 2011년 강력한 우승후보였던 독일은 8강전에서 일본에 패했고, 일본은 월드컵 역사상 처음으로 월드컵을 정복한 첫 번째 아시아 국가가 되었다.

2019년 프랑스 월드컵

남자 월드컵에서 우승을 차지한 프랑스는 2019년 여자 월드컵을 개최하였다. 환상적인 열정을 동반한 여자 월드컵은 전 세계 관중들을 매료시켰고, 여자 축구 수준은 한 단계 올라섰다. 확실히 여자 축구는 루이 14세, 지단 그리고 음바페의 나라에서 점점 자리를 잡아가고 있다.

네 번째 별

2019년 프랑스 여자 월드컵 우승후보는 미국, 독일, 프랑스, 일본으로 예상되었다. 그러나 이 중 미국만이 준결승전에 진출했고 나머지 자리는 잉글랜드, 스웨덴 그리고 네덜란드가 차지했다. 미국은 결승전에서 네덜란드를 2대0으로 꺾으며 네 번째 별을 차지했다. 특별히 미국의 우승은 이번 대회 최고의 스타 메건 러피노 덕분이었다.

역대 우승국	
1991년	미국
1995년	노르웨이
1999년	미국
2003년	독일
2007년	독일
2011년	일본
2015년, 2019년	미국

대표팀 소속으로 58골을 기록한 프랑스 가에탄 티네

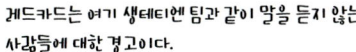

레드카드는 여기 생태티엔 팀과 같이 말을 듣지 않는 사람들에 대한 경고이다.

규칙의
이름으로

19세기 초 축구가 탄생했을 때부터 지금까지, 축구는 많은 발전을 이뤄냈다. 축구는 5개 대륙에 있는 수많은 선수들이 같은 경기장에서 같은 규칙을 가지고 경기하는 스포츠가 되었다.

첫 번째와 두 번째 규칙

축구에는 17가지 규칙이 있다. 선수들이라면
누구든지 규칙을 알아야 한다. 규칙 없이는
어떠한 경기도 정상적으로 진행될 수가 없다.
11명의 선수와 19명의 선수가 맞붙은 축구
경기를 상상해보라! 이 두 가지 규칙은
경기장과 공에 관한 것이다.

경기장과 그라운드

첫 번째 규칙: 그라운드

그라운드는 사각형이고 공식적인 크기는
가로 45m에서 90m, 세로 90m에서 120m까지
다양하다. 경기장 에어리어는 선으로 구분된다.
경기장 에어리어는 두 부분으로 나눠지며
각각 중간선으로 구분된다. 각 부분은 페널티
에어리어와 골 에어리어로 구성되어 있다.

다양한 선 Des lignes variables
그라운드 크기는 하나로 결정된 것은 아니지만
국제 대회의 경우 가로는 최소 110m 최대
120m, 세로는 최소 64m, 최대 75m가 되어야
한다.

단단한 골네트 Des filets bien accrochés
골포스트와 크로스 바는 두께
12cm이고 둥근 모양이다. 골네트는
그 어떤 틈도 허용하지 않도록
단단하게 걸려있어야 한다. 따라서
공은 옆이나 뒤에서 골대로 들어갈
수 없다.

골대Les buts
프랑스어 축구 용어로는 득점하는 행동(골le but)과
그 안에 득점을 해야 할 기둥으로 구체화된
공간(골대les buts)에 동일한 이름을 부여한다.
그물 때문에 골대를 케이지라고 부르기도 한다.

9.15!

직간접 프리킥, 킥오프, 페널티킥을 찰 때 상대팀이 최소한 떨어져 있어야 할 거리이다. 페널티 에어리어의 원호와 센터 서클 반지름이 9.15m이기도 하다.

코너 깃발은 그라운드의 끝을 표시한다. 깃대는 1.5m 높이로 경기장 에어리어의 한 구성요소를 차지한다.

골 에어리어
골킥 등을 할 수 있는 공간을 정의한다.

페널티 에어리어
여기서 반칙을 저지르면 페널티킥을 내줄 수 있기 때문에 '민감한' 구역이다. 또한 이곳은 골키퍼가 손을 사용할 수 있는 공간이다.

페널티 마크는 골라인에서 9.15m 떨어진 곳에 있다.

초보자들도, 눈이 와도 같은 그라운드를 사용한다. 이곳은 일본이다.

유소년용 그라운드

그라운드와 골대 크기는 어린이, U6, U9용이
다르다.

7인제 혹은 9인제 축구

U10, U11, U12 그리고 U13은
일반적으로 그라운드의 절반이나 특별히
그들을 위해 고안된 그라운드에서
경기한다. 페널티 에어리어는
가로를 전부 차지하는
13m이다. 오프사이드
규칙은 이
에어리어에서만
적용된다.

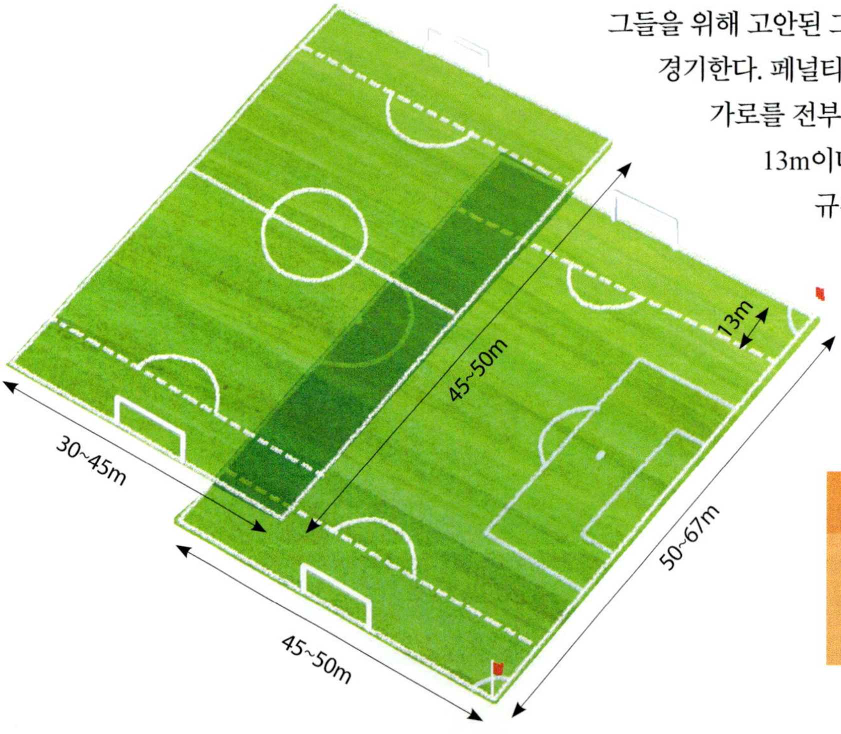

30~45m

45~50m

45~50m

50~67m

13m

골대

7, 9인제 축구의 경우
골대 높이는 2.10m,
가로는 6m이다.

5인제 축구

넓은 그라운드는 4부분으로 나뉜다. 페널티 마크는 페널티 에어리어 라인이나 골라인에서 6m 떨어진 곳에 있다. 골대는 종종 2m 높이의 2개 기둥으로 구성된다.

45m

6m

25m

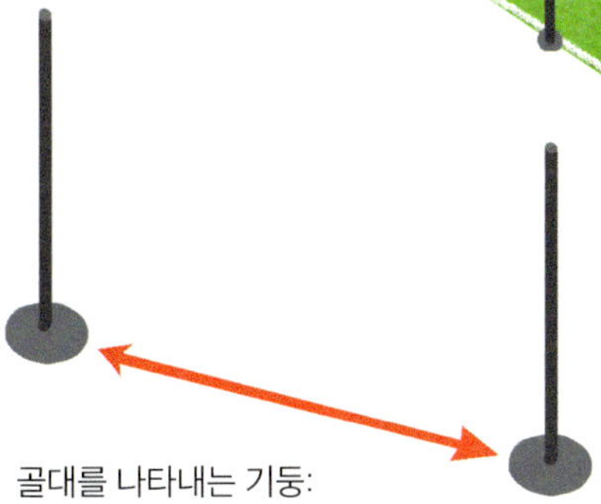

골대를 나타내는 기둥:
4m × 1.80m

두 번째 규칙: 공

축구공은 둥글다. 공의 둘레는 68~70cm이고 무게는 396~453g 이어야 한다.

다양한 크기와 무게

축구공에는 여러 가지 종류가 있다. 성인들은 5호를 사용하고 그보다 어린 선수들은 3호나 4호를 사용한다. 젊은 선수들의 체형에 맞추어 3호나 4호는 덜 무겁고 둘레는 더 작다.

다행히 오늘날 축구공은 방수가 가능하다.

3번째 규칙: 선수의 숫자

11명의 프랑스 선수들과 이탈리아 선수들이 2006년 월드컵 결승전 킥오프 전에 일렬로 서 있다.

경기는 11명 대 11명, 총 22명 선수로 진행된다.

1+1+1+1…

그라운드에서 11명 선수가 뛸 수 있고, 교체 선수들이 몇 명 더 있다. 일반적으로 공식 경기에서는 3명까지 교체가 허용되며 교체 명단에 기재된 교체 선수는 5명에서 7명이다. 코치진이 사전에 동의한 경우, 친선경기에서는 교체 선수 숫자가 바뀔 수 있다.

귀중한 교체 선수

교체는 부상이나 감독의 결정에 따라 이루어진다. 교체 선수는 심판의 허락 없이는 그라운드에 들어갈 수 없으며, 교체해야 할 선수도 나갈 수가 없다. 교체되어 나간 선수는 다시 그라운드에 들어갈 수 없다.

유소년 경기

5인제 축구: 4명 선수, 1명 골키퍼, 3명 교체 선수.

7인제 경기: 6명 선수, 1명 골키퍼, 3명 교체 선수.

9인제 경기: 8명 선수, 1명 골키퍼, 3명 교체 선수. 교체된 선수는 감독이 원할 경우 자신의 차례에 교체 선수가 되어 그라운드에 다시 들어갈 수가 있다.

퇴장

심판이 퇴장 시킨 선수는 교체될 수 없고 경기장 에어리어를 떠나야 한다. 그는 어떤 경우에도 '경기장'으로 인정되는 교체 선수 벤치에도 앉을 수가 없다.

승리의 실마리를 찾을 수 있는 곳은 종종 교체 선수 벤치일 수 있다.

4번째 규칙: 축구 장비

축구 장비는 유니폼과 반바지, 양말 그리고 신발로 구성된다.

여러 컬러 유니폼

서로 맞붙는 두 팀은 구분 지을 수 있도록 다른 유니폼을 착용해야 한다. 골키퍼는 팀, 심판과는 구별되는 유니폼을 착용해야 한다.

필수품

정강이 보호대는 필수 착용이다. 양말 속에서 미끄러질 수 있어서 종아리 주위에 밴드로 고정한다. 보호대는 다리 앞쪽의 부상과 충격에 자주 노출되는 뼈인 정강이와 비골 골절을 예방한다.

스파이크

축구화는 다양한 모습을 하며, 경기장 에어리어 땅의 질에 따라 사용된다. 나사로 조이는 스파이크 최대 허용 길이는 16mm이다.

그라운드에서 뛰는 선수

긴팔 혹은 반팔 유니폼

반바지

스파이크 신발

양말과 정강이 보호대

유연하고 무거운 그라운드용

나사로 조인 6개 알루미늄 스파이크

8개 측면 삼각형 스파이크

마른 그라운드용

나사로 조이거나 주조된 10개 플라스틱 스파이크

안정된 그라운드용

여러 개 고무 스파이크

골키퍼

미끄럼 방지 장갑

누빈 천으로 만든 유니폼

반바지 혹은 누빈 천으로 만든 바지

스파이크 신발

주심은 경기 규칙의 관리자이다.

5번째 규칙: 심판

심판은 권위를 의미한다. 그는 경기 전과 경기 중, 그리고 경기 후에 경기 규칙을 적용하고 존중한다.

책임감

심판은 부심과 함께 그라운드와 선수 자격증, 유니폼, 공의 적합성을 확인한다. 경기 중간에는 규칙을 적용하고 경기 시간을 관리한다. 그는 심각한 부상이나 중요한 사건이 일어나는 등 필요한 경우에 경기를 중단할 수 있다. 심판은 교체를 허용하고 골과 경고, 퇴장을 기록한다. 그는 또한 벤치에 대한 권한도 가지고 있으며 교체 선수와 코치진에 개입할 수 있다.

돌이킬 수 없는 결정

심판 결정은 돌이킬 수 없다. 물론 그도 실수할 수 있지만 이의 신청은 불필요하다. 따라서 헛된 일에 에너지를 쏟을 필요가 없다.

6번째 규칙: 부심

부심은 그라운드 양옆에서 터치라인을 따라 움직인다.

호루라기는 없지만 깃발은 있다

부심은 오프사이드 위치를 알려주고 어떤 팀이 스로인이나 코너킥을 할지 지정한다. 또한 경기 전과 경기 중에 부심은 주심이 내리는 모든 경기 규칙을 보조하는 역할을 한다. 부심은 호루라기를 사용하지 않지만 규정된 방법에 따라 깃발을 흔든다.

6명의 부심

깃발은 부심의 필수품이다.

어떤 경기의 경우 한 명의 주심과 5명의 부심이 경기에 참여한다. 터치라인에 있는 부심, 교체와 추가시간 공지를 담당하는 부심, 또한 각 에어리어에서 일어난 반칙을 알리는 2명의 부심이 있다. 그럼에도 불구하고 심판 판정에는 오심이 있을 수 있다.

VAR

VAR은 주심이 어려운 결정을 판단해야 할 때 주심을 도와주는 역할을 한다. VAR은 언제든 사용할 수 있지만, 최종 결정은 주심이 한다.

경기 시간과 스코어는 경기장 전광판에 표시된다.

7번째와 8번째 규칙

심판은 호루라기를 불어 전반전, 후반전의
킥오프를 선언한다. 선수들에게는 승리를 위한
90분이 주어진다.

7번째 규칙: 경기 시간

축구 경기 정규 시간은 90분이고 전반전, 후반전
각각 45분으로 진행된다. 심판은 정규 시간 동안
경기가 지연될 경우 시간을 계산해서 각 시간이
끝날 때마다 추가시간을 부여한다.

연장전

승패를 겨루는 대회 특성상, 정규 시간 내에
동점으로 끝나면 연장전(전반 15분, 후반 15분)이
주어질 수 있다. 연장전도 동점으로 끝나면 그 후
승부차기가 이어진다.

8번째 규칙: 킥오프

전후반 경기를 시작할 때와 득점한 후 경기를
재개할 때 킥오프를 한다.

이제 시작이다!

토스에서 이긴 팀이 자신의 진영을 선택하고
상대 팀이 라인에 공을 놓는다. 공을
터치하자마자 킥오프가 시작된 것이다! 킥오프를
하는 선수는 같은 팀 선수나 상대 선수가 공을
터치하지 않는 한 공을 회수할 수 없다. 킥오프
시에 상대 팀은 센터 서클 너머의 자신의 진영에
있어야 한다.

유소년 축구 경기 시간
U14, U15(남자): 2회 40분
U14, U15(여자): 2회 35분
U12, U13(남자, 여자): 2회 30분
U8~U11(남자, 여자): 50분
U6, U7(남자, 여자): 40분

경기 시작 전 심판 휘슬을 기다리는 중

94

9번째 규칙: 인플레이와 아웃 오브 플레이

전후반 경기 중에, 땅 혹은 공중의 경기장 에어리어 안에 공이 위치한다면 공은 인플레이 된 것이다.

흰 선을 조심해!

터치라인과 골라인은 경기장 에어리어의 한 부분이다. 이 선을 완전히 넘는 순간 공은 아웃 오브 플레이가 된다. 공이 코너 깃대를 맞고 다시 그라운드로 들어오면 계속 인플레이 된 상태이다. 심판에 닿아도 계속 인플레이 된다.

드롭 볼

중대한 사건이나 선수의 부상 혹은 물건이나 관중이 그라운드에 난입했을 경우, 규칙 위반을 하지 않더라도 심판은 언제든 경기를 중단할 수 있다. 이러한 경우에 공은 2명의 선수 사이에서 '드롭 볼'에 의해 다시 플레이 된다. 공이 땅에 닿자마자 인플레이 상태가 된다.

심판이 공을 떨어뜨렸다. 공이 땅에 닿자마자 인플레이 상태가 되고 공을 빼앗을 수 있다.

베르나르두 실바가 공이 터치라인 밖으로 넘어가지 않도록 막고 있다.

골라인을 넘고, 그물이 팽팽해지면, 골이 들어간 것이다.

10번째 규칙: 득점이 인정되는 골

골을 득점하는 것은 축구의 가장 궁극적인 목적이지만, 골이 유효하려면 10번째 규칙을 철저하게 준수해야 한다.

고오오오올!

득점이 인정되려면 땅이든 공중이든 공이 완전히 골대 안의 골라인을 넘어가야 한다. 골을 넣은 행위가 경기 규칙을 위반하지 않는 경우만 유효하다.

직접적으로

직접 프리킥으로 골을 넣을 수 있다는 사실을 알고 있는가? 꼭 동료에게 패스를 해야 할 필요는 없다. 동료나 상대 선수가 공을 터치하지 않고도 선수가 직접 코너킥으로 골을 넣을 수도 있다. 하지만 손으로 던지는 스로인으로 직접 골을 넣을 수는 없다.

11번째 규칙: 오프사이드

공이 동료로부터 자신에게 전달되는 순간,
상대팀 진영에서 상대 수비수를 지나 골키퍼와
상태팀 사이에 있는 경우 그 선수에게는
오프사이드가 선언된다.

지단이 동료 호나우두에게 공을 보내는 순간, 상대
수비수보다 앞에 있는 호나우두는 오프사이드 위치에
있게 된다.

평가의 어려움

오프사이드는 공이 선수의 발을 떠나는 100분의 1초
안에 판정을 받아야 한다. 공을 보내는 선수의 발은
공을 받는 선수로부터 수십 미터 떨어져 있을 수 있다.
오프사이드 위치에서 볼을 받은 선수가 플레이를 하지
않는 경우 반칙 판정을 받지 않는다. 또한 오프사이드
위치에 있는 선수가 심판에 따라 경기에 영향을
준다고 판정되지 않는 경우도 마찬가지다.

오프사이드

특별한 경우

이론적으로 오프사이드 위치에 있는 선수가 상대팀
공을 받거나 동료의 스로인을 받거나 혹은 코너킥이나
골킥을 받는 경우 반칙이 아니다.

올바른 위치

반칙

오프사이드 반칙을 하면, 간접 프리킥을 준다.
오프사이드를 범한 그 위치나 또는 오프사이드가 골
에어리어에서 일어났을 경우 골 에어리어의 아무
곳에서 상대 선수가 간접 프리킥을 찬다.

올바른 위치

유소년용 오프사이드

5인제 축구의 경우, 오프사이드 규칙이 존재하지 않는다.
7인제에서 9인제 축구의 경우, 오프사이드는 13m 이내의
페널티 지역에서만 인정된다. 11인제의 경우, 성인과 같은
규칙이 적용된다.

주의할 점: 플레이를 하고 있는 공격수가 가장 마지막에
있는 수비수와 같은 라인에 있는 것은 오프사이드가
아니다.

12번째 규칙: 파울

경기의 목적, 패배에 대한 두려움, 이기고 싶은 열망, 성급함, 분노, 때로는 어리석음까지. 이러한 여러 가지 이유로 선수들은 파울을 범하고 제재를 받는다.

뒤에서 하는 태클은 굉장히 위험한 파울이다.

직접 프리킥을 주는 파울

선수가 다음과 같은 파울을 의도적으로 범했을 경우, 직접 프리킥을 준다.

- 상대방을 발로 차거나 차려고 하는 행위
- 다리를 걸어서 상대방을 넘어뜨리거나 넘어뜨리려고 하는 행위
- 상대방을 뛰어넘는 행위
- 상대방에 폭력적으로 혹은 위험하게 돌격하는 행위
- 뒤에서 상대방에 돌격하는 행위
- 상대방을 때리거나 때리려는 행위
- 상대방을 잡는 행위
- 상대방을 미는 행위
- 상대방에 침을 뱉는 행위
- 손으로 공을 잡거나 터치하는 행위(자신의 페널티 에어리어에서 골키퍼가 손으로 잡는 경우는 제외)

만약 선수가 페널티 에어리어에서 이러한 파울을 범했을 경우, 페널티 킥이 주어진다.

경기 중인 선수

경기 중인 선수가 다음과 같은 파울을 범했을 경우 간접 프리킥이 주어진다.

- 위험한 플레이
- 공을 플레이하려고 하지 않는 상대방을 어깨로 미는 행위
- 공을 뺏으려 하지 않으면서 상대방과 공 사이에 자신을 장애물로 개입하여 방해하는 행위
- 골키퍼 진영에서 골키퍼에 돌격하는 행위.
  단, 골키퍼가 공을 손에 쥐고 있거나, 상대방을 방해하거나 페널티 에어리어 밖에서 플레이하는 경우는 제외

공으로 플레이하거나 상대방이 공을 빼앗지 못하도록 반복적으로 신체로 공을 보호하는 경우, 간접 프리킥이 주어지는 파울이 될 수 있다.

경고: 옐로카드

다음과 같은 경우, 선수는 경고를 받는다.

- 심판 허락 없이 경기 중인 그라운드에 들어왔을 때
- 계속적으로 경기 규칙을 위반했을 때
- 부적절한 행동을 했을 때
- 경기를 지연시킬 때
- 프리킥 거리를 지키지 않았을 때
- 심판 허락 없이 그라운드를 떠났을 때
- 득점한 뒤 세리머니를 하면서 유니폼을 벗을 때

파울을 범한 선수가 항의를 하지만 심판은 옐로카드를 철회하지 않을 것이다.

골키퍼의 경우

골키퍼가 다음과 같은 파울을 범했을 경우 간접 프리킥이 주어진다.

- 팀에 유리하도록 시간을 '벌기 위해' 의도적으로 경기를 지연시킬 때
- 6초 이상 손으로 공을 잡고 있을 때
- 공을 발로 플레이한 후 또는 손에서 볼을 놓은 후 상대방이 그 사이 터치하지 않은 공을 손으로 다시 잡을 때
- 발로 만든 백패스에서 손으로 공을 잡을 때

허용되는 행위

수비수의 발에 맞은 공이 같은 팀의 골키퍼를 향해 빗나가는 불운, 머리로 하는 백패스 혹은 같은 팀에 대한 스로인은 벌칙을 받지 않는다.

퇴장: 레드카드

다음과 같은 경우, 선수는 퇴장을 당한다.

- 의도적으로 손을 써서 파울을 했을 때
- 자신의 골 에어리어 밖에서 의도적으로 손을 써서 공을 막을 때(골키퍼)
- 거친 행동이나 폭력적인 행동을 했을 때
- 볼을 돌리는 선수 뒤에서 파울을 범했을 때
- 욕설이나 무례한 언행을 했을 때
- 명백한 득점 기회를 규칙에 없는 방법으로 방해했을 때
- 옐로카드를 두 장 받았을 때

프랑스 주장에게 부과된 가장 무거운 벌칙, 직접적인 레드카드

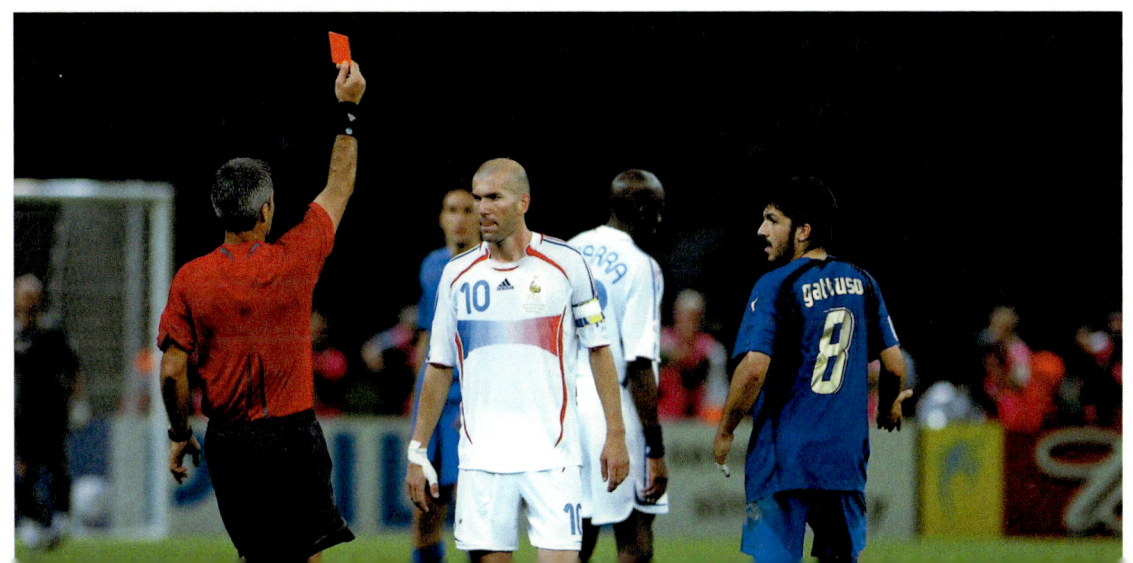

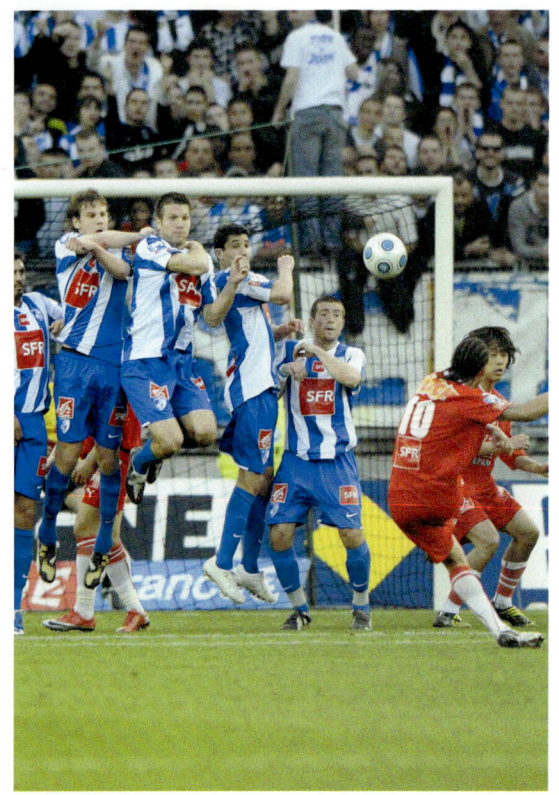

환상적인 직접 프리킥, 감아차기 한 공이 벽을 선회하여 골대로 향한다.

13번째 규칙: 프리킥

프리킥은 문책성 파울로 인해 주어진다.
직접 혹은 간접 프리킥이 있다.

직접 프리킥

프리킥이 주어진 팀은 상대팀 골대를 향해 직접적으로 프리킥을 찰 수 있다. 심판은 팔을 수평으로 하여 슛의 방향을 표시하며 직접 프리킥을 알린다.

직접 프리킥

간접 프리킥

골대로 들어가기 전 공은 다른 선수에 의해 터치되어야 한다. 심판은 팔을 들어 간접 프리킥을 알린다. 일반적으로 프리킥을 차는 선수는 간접 프리킥을 찰 때 동료에게 패스하는데, 종종 어떤 꾀돌이들은 공이 골대를 들어가기 전 벽이나 골키퍼 손에 맞기를 바라며 직접 슛을 차는 경우도 있다.

골 에어리어에서

골 에어리어 안 수비팀에게 주어진 프리킥은 에어리어 어디에서나 할 수 있다. 골 에어리어 안 공격팀에게 주어진 프리킥은 파울이 행해진 지점에서 최대한 가까운 곳에 라인을 표시하여 행한다.

2006년 월드컵 프랑스-스위스 전에서 지단이 간접 프리킥을 차고 있다.

14번째 규칙: 페널티 킥

페널티 킥은 페널티 에어리어에서 벌어진 직접 프리킥 파울에 따라 주어진다.

키커의 고독

공은 골라인에서 11m 떨어진 페널티 마크에 놓인다. 다른 선수들은 9.15m 떨어진 곳에 서 있다. 골키퍼는 골라인에서 움직일 수 있지만, 슛을 하기 전에는 공을 향해 나갈 수 없다. 키커는 골키퍼가 공을 놓치면 다시 볼을 찰 수 있다. 공이 골대를 맞고 돌아오면 공을 다시 찰 수가 없다. 그러면 오프사이드 규칙이 적용된다.

훌륭한 페널티 킥. 골키퍼는 오른쪽으로 움직였고, 공은 골키퍼 왼쪽으로 들어갔다.

승부차기

연장전 후에도 동점 상황일 경우, 승자를 정해야 하는 공식 경기에서는 승부차기로 경기를 끝낸다. 같은 명칭은 아니지만 실질적으로 페널티 킥과 같기 때문에 14번째 규칙을 준수해야 한다.

15번째, 16번째, 17번째 규칙

이 세 가지 규칙은 예를 들어, 터치라인이나 골라인을 넘어갔을 경우,
골이 골대를 빗나갔을 경우 경기를 다시 시작하는 것과 관련이 있다.

15번째 규칙: 스로인

스로인은 공이 그라운드 밖으로 나갔을
때 발생하며 공이 나간 곳과 같은
장소에서 경기를 재개해야 한다. 선수는
머리 위로 공을 들고 양손으로 스로인을
한다. 발은 터치라인 위나 뒤에 있어야
한다. 그 후 선수는 그라운드에 들어갈
수 있지만, 다른 선수가 공을 건드릴
때까지 공을 다시 찰 수 없다. 심판이
잘못되었다고 판정한 스로인은 상대팀이
다시 하게 된다.

스토크 시티 수비수가 적절하게 던진 스로인이 아스널
진영에 들어간다.

16번째 규칙: 골킥

상대팀이 터치한 공이 골대와 코너 깃대 사이 골라인을 넘어갔을 때 골키퍼나 수비수가 골킥을 찬다. 공은 골 에어리어 어느 곳에나 놓을 수 있지만 페널티 에어리어 밖에서 차야 한다.

올랭피크 드 마르세유 골키퍼 스테브 망당다의 골킥

17번째 규칙: 코너킥

수비수에 의해 공이 골대와 코너 깃대 사이의 골라인을 벗어났을 때, 공격수가 코너킥을 찬다. 그라운드 모서리에 있는 지면에 그려진 1/4 원 안에 놓여야 한다. 슛을 쉽게 하기 위해 코너 깃대를 제거할 수 없다.

파리 생제르맹에서 코너킥을 차는 네이마르

네 차례야!

축구 교실이 당신을 기다리고
있다! 축구 교실은 공동체 생활을
배우는 학교이기도 하다. 공을
움직이고 컨트롤하고 패스하고
드리블하고 슈팅하는 것이 걷거나
달리는 것보다 쉬워야 한다.
그리고 동료들과 함께 공격하거나
수비하는 법을 배워야 한다.

공을 공유하다

태어난 후, 당신의 손은 물건을 잡고 다루려 했고
첫걸음을 떼면서부터는 발의 유용함을 느꼈을 것이다.
구르고 빠져나가는 공을 지키고 움직일 수 있는 건
당신의 발이다.

친구와 동료

길들여야만 재미있는 것이 공이다. 당신이 겨냥하고 있는 곳에
정확하게 공이 도달하도록 방향을 잡는 것은 당신에게 달려 있다.
왼발에서 오른발로 공을 컨트롤하고 공을 몰고 가 패스하고
상대를 속이며 골대를 향해 달려간다.

탐나는 물체

기술을 잘 익힌 다음 공이 믿을 수 있는 동료가 되면, 경기를
이기기가 쉬워진다. 상대팀은 저항할 것이다. 그들 역시 탄탄한
훈련을 받고 승리에 대한 원대한 야망을 가진다. 경기는 점점
흥미로워지고 바로 이것이 축구에 열광하는 이유이다.

기술을 잘 연마하면, 공은 진짜 친구가
된다.

24시간 30분

이것은 우크라이나의 니콜라이 쿠첸코가 땅에 공을 떨어뜨리지 않고 공을
움직인 리프팅 기록이다. 보기보다 훨씬 더 어려운 리프팅은 적절하게
발, 허벅지, 머리를 쓰는 훌륭한 기술과 지지하는 발의 완벽한 균형이
필요하다. 2014년 머리로 하는 리프팅 기록(28,987)을 깨기 위하여
도전한 한 젊은 벨기에인이 사망한 일이 있다. 공을 칠 때마다 목이
줄어들어 조금씩 조금씩 질식을 유발한 것이다.

공유하다

축구는 단체 스포츠이다. 아무리 세계적으로 훌륭한 선수라고 하더라도 동료의 도움 없이는 공을 받을 수 없고, 상대 진영에서 골을 넣을 수가 없다. 같은 팀 선수에게 정확하게 패스해야 하고 정확하게 받아서 팀 승리를 위해 공을 잘 사용해야 한다.

공을 서로 공유한다. 동료는 달리면서 당신의 패스를 받아야 한다.

결투

이것은 현재 축구에서 널리 사용되는 용어이다. 경기 중에는 공을 정복하거나 빼앗는 일대일 상황이 많이 발생한다. 땅에서든 공중에서든 결투에서 승리하는 일은 성공 열쇠 중 하나이다.

빼앗은 공, 빼앗긴 공

스로인을 제외하고, 전후반전이 시작할 때나 심판이 페널티를 줄 때 공을 점유한 팀은 상대팀에게 끈질긴 공격을 받는다. 수비 전략은 상대팀 진행을 막고 공격에 대응하여 공을 빼앗기 위한 것이다. 모든 공격 전략은 공을 상대 골대 쪽으로 이동시켜 골을 넣는 것이다.

공격수가 빼앗은 공, 수비수가 빼앗긴 공. 축구는 결투 경기이다.

축구 교실

축구 교실은 학교를 대신한다.
축구 교실은 당신이 작든 크든,
내성적이든 외향적이든, 느리든 조급하든
공동체 생활을 배우고 신체 능력을
키우고 축구 기술과 전략을 가르치기
위한 곳이다.

훈련 시간 전과 훈련 시간 도중, 그리고 훈련이 끝난
후에도 선생님 말씀을 잘 들어야 한다.

타고난 자질

축구 교실은 태어날 때부터 당신이 가지고 있는
자질을 발전시켜주는 곳이다. 우선 공간에서의
움직임을 배운다. 공의 유무에 관계없이 축구는
그라운드에 그려진 라인 안에서 동료와 상대
사이에서 계속해서 움직이는 스포츠이다. 또한
균형을 배울 수 있다. 몸 전체, 머리, 팔, 가슴 또는
다리가 균형을 유지하지 않고서는 좋은 플레이를 할
수 없다. 그런 다음 기술을 연마한다. 기술은 공을
능숙하게 다루고, 당신이 원하는 곳, 당신이 원할 때,
당신이 원하는 곳으로 공을 보낼 수 있는 기초 중의
기초이다.

3가지 감각

축구를 배우는 데에는 오감 중 3가지가 필요하다.
• 거리를 측정하고 전체를 바라보는 시각
• 공과 접촉하는 신체의 여러 부분을 길들이는 촉각
• 동료와 감독의 말과 심판의 호루라기 소리 심지어 공의
  소리를 잘 듣는 청각

축구 선수로서 제스처와 추진력과 균형의 조화는
기본이다.

전술훈련이 끝난 후 미니 게임에서 각자의 포지션에 있는 학생들

특별한 동작

6가지 기본적인 동작은 선수 기술을 구성하고 다양한 형태의 공격과 방어하는 움직임을 구성한다. 기술 분야에서는 공을 몰고 컨트롤하고 패스하고 상대를 컨트롤하며 머리로 슛을 하고 플레이하는 방법을 배운다. 전술 분야에서는 초기 포지션, 그라운드에서의 위치와 움직임, 공격 및 수비 플레이뿐만 아니라 익숙해져야 하는 단체의 전략을 배운다.

생활에서 위생을 지키자

위생은 또한 축구 교실 교육의 일부분이다.
- 경기와 훈련이 끝난 뒤 깨끗하게 샤워를 한다.
- 잠을 충분히 자고, 일찍 일어난다.
- 골고루 먹고 사탕이나 단 음료를 많이 마시지 않는다. 아침 식사를 잘 챙겨 먹는다.
- 직접 스파이크를 닦고 왁스 칠을 한다.

나무랄 데 없는 교훈

스포츠 세계에서 당신은 공동체 생활을 한다. 따라서 규율과 예의를 보이는 것이 중요하다. 또한 정직해야 하고, 허락 없이 다른 사람의 물건을 '빌려서는' 안 된다. 동료와 상대방, 코치진, 심판 그리고 장비를 존중해야 하고 책임감을 가져야 한다.

스파이크를 닦을 때는 부모님을 의지하지 말고 훈련이 끝나자마자 하도록 하자.

훈련 시간

당신은 지금 유니폼을 입고, 신발 끈을 묶고, 코치들과 친구들과 함께 라커룸을 떠날 준비가 되어 있다. 아, 챙겨야 할 장비들이 또 있으니 잊지 말길. 공, 조끼 그리고 콘...

준비운동은 매우 중요한 시간이다.

준비운동

훈련은 준비운동부터 시작한다. 준비운동은 공 없이 뛰거나, 천천히 뛰거나 혹은 빠르게 뛰거나 가속하거나 방향을 바꾸거나 후진하거나 점프를 하는 동작들이 대부분이다. 그 후 빨리 혹은 느리게 공을 움직이거나 수비하거나 트래핑 할 때 공을 사용한다.

훈련

훈련은 수업의 중심이다. 코치는 팀 수준과 시즌 진행 상황, 단점 또는 당신을 기다리고 있는 스포츠 대회에 따라 훈련 주제를 선택한다. 주제는 6가지 기술 동작 중 하나 또는 그중 여러 가지를 조합하거나 공격이나 수비 조합, 프리킥과 코너킥 상황과 같은 좀 더 복잡한 전략일 수 있다.

선수 등록증

스포츠 대회에 참가하려면 선수 등록증은 필수이다. 선수 등록증은 당신이 다쳤을 때 보험이 되며 당신의 나이와 카테고리를 공식적으로 확인해준다. 각 경기가 시작되기 전 당신의 코치와 상대팀 코치는 '선수 명단'을 작성해야 한다. 그곳에는 선수 이름과 등록 번호를 적는다. 건강검진에 합격한 뒤에만 등록증이 발급된다. 의사는 당신이 스포츠를 할 수 있는 능력이 되는지 확인해야 한다.

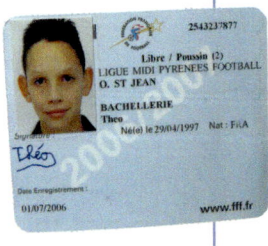

마무리

대부분 훈련은 수업 효과를 확인할 수 있는 미니 게임으로 끝을 맺는다. 미니 게임에서는 다음과 같이 매우 자세한 제약을 포함한다. 공을 한 번만 터치하거나 슛하기 전에 3번 패스하기, 또는 골대에서 10m 이내에서 슛을 하지 않기. 또한 민첩함이나 움직임을 기르기 위해 6개의 작은 골대(양쪽에 3개씩)를 설치하기도 한다.

미니 게임으로 훈련을 마무리한다.

샤워

친구들과 훈련이 끝난 뒤에는 반드시 샤워를 해야 한다. 샤워를 하면 버스나 부모님 차를 오염시키지 않을 것이다.

회의

회의를 하면서 감독은 표를 활용하여 선수들에게 설명을 하고, 오프사이드, 스로인, 파울 등과 같이 선수들이 잊어버릴 수 있는 규칙을 상기시킨다. 또한 기본적인 위생과 도덕을 상기시키기도 한다. 감독은 앞으로 열릴 경기를 소집하고 경기 장소를 결정한다.

당신의 카테고리를 알 수 있는 방법은?

9월에 축구 시즌이 시작하고 6월에 시즌이 끝이 난다. 카테고리를 알기 위해서는 태어난 연도를 고려한다. 즉, 1월 1일부터 12월 31일까지 시즌이 시작하는 연도에 몇 살인지 혹은 몇 살이 될 것인지가 중요하다.

나이	카테고리
6/7세	입문자
8/9세	저학년1
10/11세	저학년2
12/13세	13세
14/15세	15세
16/17세	17세

접촉하기!

축구를 하면 신체 여러 면으로 공과 접촉하게 된다.
머리나 발 등 신체 모든 부분을 축구 연습에 사용한다.

또 하나의 발

공과 접촉하지 않은 발로 몸을
지탱한다. 발은 땅 위에 있고,
균형을 유지하거나 가속하고
방향을 변경하며, 패스의 퀄리티를
보장하며 슛의 경로에 참여할 수
있다.

발등은 주로 슛에 사용되는 발
윗부분이다. 공을 움직이고 패스하고
드리블하는 데에도 사용된다.

발 안쪽은 발에서 가장 면적이 넓은
부분이다. 정확한 패스를 보내거나
공을 움직일 때 공을 유지하는 데
이상적이다.

발끝은 잘 사용하지 않지만 골대에
슛을 쏘면서 다리를 뻗을 때 유용하다.
발끝으로 쏜 슛이 결정적일 수가 있다.

밑창은 효과적인 드리블할 수 있도록
공을 막거나 굴리는 데 사용된다.

뒤꿈치로 공을 정확하게 다룰 수는
없지만 매우 놀라운 짧은 패스를
가능하게 해준다.

발 바깥쪽은 약간 둥근 표면으로
드리블과 방향 전환은 물론 패스를 할 때
사용된다.

허벅지는 주로 공중에서 내려오는 공을 받거나 멈추는 데 사용된다.

평평한 가슴은 효과적으로 공을 받거나 때로는 짧은 패스를 하는 데 사용된다.

축구화 잘 묶기

승리를 위해서는 축구화를 올바르게 묶어야 한다. 신발 안에 감출 수 있는 설포가 없다면 발등이 아닌 발 바깥쪽 위에 매듭을 놓아야 한다.

머리는 패스하고 공을 받고 슛을 하는 데 사용된다.

오로지 이마

우리가 말하는 머리는 일반적으로 이마를 말한다! 머리나 코 윗부분이 아니라 공과 접촉하기에 좋은 면적은 바로 이마이다!

플레이 중인 선수는 스로인을 할 때 손을 사용할 수 있다. 그러나 손은 골키퍼의 주된 '도구'이다.

기술과 게임

유니폼을 갖춰 입고 훈련도 끝이 났는가? 그럼 이제 경기를 뛸 때가 왔다. 배운 기술을 복습하는 것부터 시작하자. 그런 다음 게임과 훈련으로 연습하자. 친구들을 불러 대회를 만들고 장비를 잘 준비하면 축구도 방학 숙제의 주제 중 하나가 될 수 있을 것이다.

유니폼과 장비

훈련하는 날씨와 땅의 질에 따라 유니폼을 잘 선택해야 한다. 반바지, 양말, 트레이닝복, 가벼운 우비를 준비하자. 시멘트 또는 딱딱한 땅에서 스파이크로 훈련하면 안 된다. 게임과 훈련에는 약간의 장비가 필요하다. 필요한 장비가 없다면 상상력을 발휘하여 다른 것으로 교체하거나 만들면 된다. 그러기 위해서는 약간의 도구도 필요하다.

가는 끈과 칼

망치와 못

톱

사다리

분필

폴막대

고물장수나 철물점에서 튜브를 찾아보자. 또한 똑바르게 나뭇가지를 자를 수도 있다. 풀밭이나 부드러운 땅에서 훈련하지 않을 경우, 폴막대를 땅에 박기 어려울 수 있다. 그러면 폴막대를 수직으로 세울 수 있는 파라솔 스탠드나 작은 돌, 콘, 모래나 흙을 채운 물통을 사용하면 된다.

축구콘

축구콘 대신 도로에서 사용되는 교통 안전 콘을 사용할 수 있다. 그렇지 않으면 볼링핀이나 모래나 물을 채운 1.5L짜리 플라스틱 물병을 사용하면 된다. 또한 벽돌이나 매듭이 있는 옷, 땅에 표시하는 데 사용할 수 있는 위험하지 않은 모든 물건을 사용할 수 있다. 중고 타이어도 괜찮다.

거리

훈련에서 거리는 미터로 표시된다. 10m 줄자가 없으면 미터마다 표시를 나타내는 줄을 사용할 수 있다. 이것을 위해 학교에서 쓰는 자를 사용하면 된다. 좀 더 간단하게, 큰 걸음은 1m에 해당한다고 생각하고 다리로 거리를 측정할 수 있다.

주의할 점!

어른들에게 도움을 요청하는 일을 망설이지 말길. 조심해야 하니까.

공을
마스터하기

굴러 가기만 하는 공을 마스터하고
싶을 것이다. 그러기 위해서는 공을
움직이고 컨트롤하고, 동료에게
패스하며 상대방을 향해 드리블을
하고 슛을 쏘는 방법을 알아야
한다. 이 5가지 기술 동작을
마스터하면, 공은 가장 친한 친구가
될 것이다.

발 사용하기!

공을 움직인다는 말은, 발 '안'에 공을 유지하는 것이다. 선수는 공을 잃지 않고 그라운드를 가로지르고, 게임 진행 상황을 모니터링한다. 이것은 별로 간단하지 않은 프로그램이다.

발 안쪽으로 공을 밀면 공은 나의 앞쪽으로 잘 움직인다. 이것은 쉬운 동작이지만 느릴 수 있으며 때로는 위험하다. 상대방이 쉽게 공을 빼앗을 수 있기 때문이다.

두 발의 안쪽으로 공을 움직이면 한 발에서 다른 한 발로 공을 전달함으로써 더 빨리 앞으로 나갈 수 있다. 또한 쉽고 빠르게 방향을 바꿀 수 있다. 상대방은 두 발 사이에 있는 공에 쉽게 접근할 수 없다.

나의 앞쪽에 있지 않고 바깥쪽으로 노출되어서 움직이는 발 바깥은 패스와 회전하는 슛을 준비할 때나 외부 드리블 등 할 때 유용하다

머리를 높게 들기

공을 잘 움직이려면 공을 보지 않거나 가능한 한 적게 보면서 머리를 높게 들어야 한다. 따라서 슛, 패스, 드리블, 또는 계속 진행해야 하는지 등 어떤 동작을 취해야 하는지 어느 순간이든 결정할 수가 있다.

가장 노련한 선수들이 사용하는 발등 기술은 공을 발 앞에 잘 두고 더 자연스러운 슛을 날릴 수 있도록 한다.

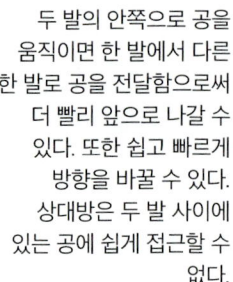
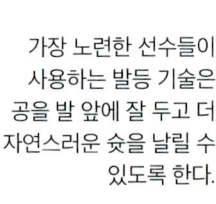

방향 전환

• 선수 2명
• 공 2개

1. 공은 발 사이에 두고, 친구 뒤에 선다. 친구는 오른쪽이든, 왼쪽이든, 정면이든, 천천히 가거나 빠르게 가거나 혹은 멈추거나 자신이 원하는 대로 공을 몰고 갈 수 있다.

2. 여러분은 마치 친구의 그림자가 된 것처럼 친구를 따라가면서 친구 움직임을 마스터할 수 있다. 어떤 형태 접촉이든 전부 허용된다.

제한된 공간에서 공 몰기

이 훈련은 생각하는 것보다 쉽지 않을 것이다. 공을 완벽히 마스터하고 머리를 잘 들고 있어야 한다.

• 선수 3명
• 공 3개
• 끈 10m
• 돌 4개

1. 끈과 돌을 이용해서 2.5m 사각형을 만든다.

2. 사각형 안에서 3명의 선수가 공을 모는 연습을 한다. 공이나 몸으로 친구를 터치하면 안 된다.

공을 몰면서 속력 내기

• 선수 2명
• 공 2개
• 콘 혹은 핀 4개

1. 10m 사각형의 각 모서리에 4개 콘을 놓는다.

2. 각 모서리에서 서로 마주 보며 대각선으로 선다. 그리고 같은 방향으로 돈다.

3. 오른쪽으로 한 번, 왼쪽으로 한 번, 각자의 리듬으로 4개의 콘을 돌면서 공을 몰아간다. 다음번에는 발 안쪽을 사용할지 아니면 바깥쪽을 사용할지 미리 정하는 게 좋다.

공 컨트롤하기

공 컨트롤을 놓치면 어떤 행동도 할 수가 없다.
공을 몰고, 패스하고, 드리블하고, 슛을 하려면
우선 올바르게 공을 컨트롤할 줄 알아야 한다.

고정하기

가장 처음으로 배우는 동작이다. 가장 쉽기
때문이다. 바닥을 향해 강한 압력을 주면서
발바닥으로 공을 고정한다.

공을 멈추는 기술은 효과적이지만 느린 기술이다. 공은 잠시
동안 발아래에서 움직이지 않는다.

살짝만 막기

공은 발 안쪽이나 발등으로 땅을 향해 떨어진다.
공의 속도는 급격하게 떨어지지만, 정지된 것은
아니다. 공은 여전히 살아있고 게임의 역동성을
유지하고 있다.

받아내기

받아내기란 공이 신체의
적합한 한 부분에 접촉했을
때 그 움직임을 따라가면서
공을 컨트롤하는
기술을 말한다. 머리,
가슴, 허벅지, 심지어
발등으로도 공을 받을
수 있다.

공을 살짝만 막으려면, 적당한 동작이 필요하고 공을
땅 쪽으로 향하게 해야 한다.

공을 받아내려면 공이 비로 발 앞에
떨어져야 한다.

공 따라가기

뻣뻣하면 안 된다. 접촉면을 반대에 두면 공이
도착하자마자 빠르게 튕겨나간다. 공을 받아내면, 공의
반동을 줄이고 공을 따라갈 수 있다.

방향 컨트롤

이 기술은 공의 도착 궤도와는 반대 방향으로
공을 향하게 하여 상대방 수비를 저지하고
새로운 해결책을 제시하는 기술이다.

1. 공이 나의 오른쪽으로 왔다.

2. 가슴을 앞으로 기울이고 살짝만 공을 막아 오른발 안쪽으로
공을 받는다. 나머지 발은 땅 위에 단단히 고정한다. 몸은
왼쪽으로 회전하기 시작한다.

3. 몸은 회전했고, 오른발은 달리기 시작한다. 왼발은 공을
움직이기 시작하고 머리를 든다.

성공의 열쇠

게임에 대한 좋은 시야를 가지고,
상대와 동료의 위치를 염두에 두어야
한다. 또한 사전에 공의 방향을 정하고
공을 잘 따라가야 한다. 결코 동작을
멈춰 서는 안 된다. 컨트롤하기 전에도
컨트롤할 때에도, 컨트롤 한 후에도
움직임을 유지해야 한다. 그런 다음,
컨트롤 한 다음에 해야 할 새로운
행동을 명확하게 결정하기 위해 머리를
들 필요가 있다.

상대의 등을
향하게 공을
컨트롤 할 수
있다. 이럴 때에는
왼발 바깥쪽으로
컨트롤한다.

공을 가까이에 두기

목표는 정확하게 공을 컨트롤하고 패스하는 것이다. 발바닥, 발 안쪽, 발등과 같은 모든 접촉면을 사용하여 공을 컨트롤할 수 있다.

· 선수 2명
· 공 1개

1. 친구와 5m 간격으로 서로 마주 보고 서서, 강하고 약한 패스를 주고받는다.

2. 공의 궤도를 이해하고, 필요한 경우 옆으로 이동한다. 공이 떨어지거나 발로 공을 막으면 안 된다. 그러려면 패스를 하기 위해서 뒤로 물러나야 한다!

올바른 방향으로 이동하기

움직임을 빠르고 정확하게 조절해야 한다. 두 명이 함께 있다면, 하나의 공으로 플레이하고, 먼저 슛을 쏜 친구가 다른 한 명의 친구에게 패스한다.

· 1명 이상의 선수
· 벽 1개
· 공 1개
· 널빤지 4개
· 말뚝 4개

1. 말뚝 2개에 널빤지 2개를 못 박는다. 그리고 벽 양쪽에 설치한다.

2. 벽을 향해 슛을 한 뒤 되돌아오는 공을 컨트롤해야 한다. 오른쪽이나 왼쪽에 있는 널빤지에 패스한다. 방향 컨트롤을 배울 수 있다.

3. 공을 받기 전에 어떤 널빤지로 패스할지 알고 있어야 한다. 공이 널빤지로부터 다시 되돌아올 때, 재빨리 원래의 위치로 돌아간다. 다시 벽을 향해 슛을 한다. 공이 떨어지거나 멈추지 않도록 조심해야 한다. 방향 컨트롤과 패스는 같은 움직임으로 이루어진다.

공을 잡고 길들이기

공을 떨어뜨리면 안 된다.

- 선수 1명
- 벽 1개
- 공 1개

1. 벽에서부터 5m 떨어진 곳에 서서 다른 높이로 공을 충분히 세게 찬다.

2. 공이 되돌아오면 공을 컨트롤한다. 빠르게 움직이고 공 컨트롤을 예상할 수 있도록 잘 서있어야 한다.

3. 공 궤도와 공이 되돌아오는 힘을 따라 발바닥으로 공을 컨트롤하거나 발, 허벅지, 가슴으로 공을 받아내면서 컨트롤 기술을 연습한다.

방향

- 선수 2명
- 공 1개
- 타이어 또는 콘 또는 물병 4개

1. 친구와 함께 두 쌍의 타이어를 10m 간격으로 배치한다. 각 쌍의 타이어 거리는 3m이다.

2. 왼쪽으로 공 컨트롤을 연습하는 친구에게 공을 패스하고 타이어를 돌고 공을 다시 주고받는다.

3. 왼쪽으로 공 컨트롤을 연습하면서 타이어를 돌고 오른쪽으로 공 컨트롤을 연습할 수 있도록 친구에게 공을 패스한다. 계속해서 반복한다.

허벅지, 가슴, 또는 머리로 공을 받는 방향 컨트롤을 위해 공을 높이 던져 게임을 복잡하게 만들 수도 있다.

공 컨트롤 개선하기

공을 잘 활용하기 위해서, 완벽하게 공을
컨트롤하는 방법을 알아야 한다. 그래야만
공을 잘 움직이면서 성공 가능성이 높은 패스,
드리블, 슛을 할 수가 있다.

달려가면서

달려가면서도 공을 잘 컨트롤하고 싶다면? 여기
공 컨트롤을 향상시킬 수 있는 게임이 있다.
2명의 선수와 공 1개 그리고 타이어 또는 물병
또는 콘 4개가 필요하다.

마르코 아센시오의 환상적인 컨트롤

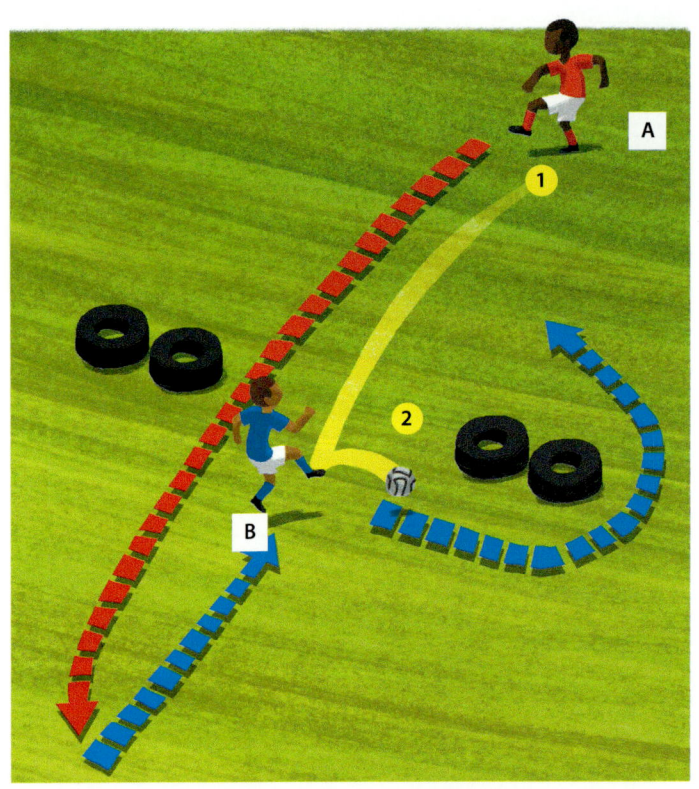

1. 타이어를 2개씩 같은 줄에 놓는다.

2. 신호를 받으면(손뼉을 친다) 한 명
선수가 여러 높이와 다양한 힘으로
공을 보내고(1) 또 한 명 선수는 공을
향해 달리기 시작한다. 공을 차는
선수가 공을 찰 때 '오른쪽으로' 또는
'왼쪽으로'라고 방향을 알려주면 다른
선수는 어떤 방향으로 공을 컨트롤해야
하는지 알 수 있다.

3. 달려가면서 공을 컨트롤하고(2)
타이어를 돌면서 A쪽으로 계속 달린다.
그동안 다른 한 명 선수는 B 지점으로
달려온다. 계속해서 반복한다.

방향 컨트롤

방향 컨트롤을 하여 공 컨트롤 기술을 향상시키기 위한 연습이다. 3명의 선수, 공 1개, 6개 콘 또는 핀이 필요하다.

1. 나는 콘 C와 콘 D 사이에 자리 잡는다.

2. 선수 X가 나에게 패스하는 동안 Y는 콘 E와 콘 F 사이에서 움직인다.

3. 나는 오른쪽 혹은 왼쪽으로 돌면서 공을 컨트롤하고 머리를 들어 내가 패스를 해야 하는 Y 위치를 확인한다. 실제로 나는 상대 선수를(콘 C와 D) 떼어놓기 위해 정확하게 방향 컨트롤을 하지는 못한다. Y의 위치를 찾게 되면 컨트롤을 끝낸다.

4. 그런 다음 X가 나에게 했던 것처럼 Y가 나에게 패스를 하고 X는 콘 A와 콘 B 사이에서 이동한다. 계속해서 반복한다.

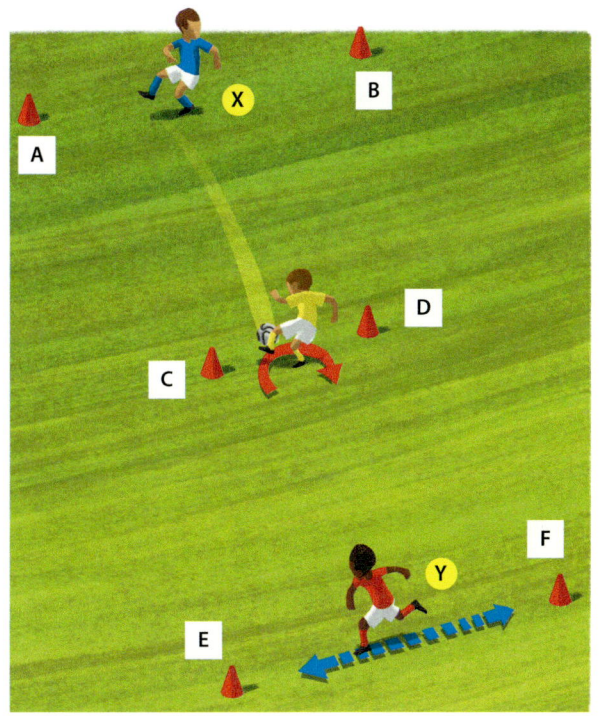

카카의 방향 컨트롤로 인해 암브로시니는 흔들린다.

좋은 패스는 평평하고 정확한
표면인 발 안쪽에서 나온다.

패스하라!

패스는 가능한 한 최상의 조건에서 경기가 계속되도록 동료에게
공을 정확하게 보내는 동작이다. 축구는 단체 스포츠이기 때문에
패스는 중요하다.

좋은 동작

공의 높이에서 한 쪽 발을 땅에 잘 받치고, 최고 정확성을 위하여
가능한 한 공을 잘 따라가 뒤에서 앞으로 공을 찬다. 패스는 발등인
발 바깥쪽으로 하는데 정확도가 떨어질 수 있다. 좋은 패스는 동료의
달리는 속도를 늦추지 않게 하면서 동료 앞까지 공을 보내는 것이다.
따라서 공이 올바른 궤도를 따라 떨어질 것을 예상하는 것이 중요하다.

회전 패스

오늘날 축구에서 널리 사용되는
이 패스는 발의 안쪽이나
바깥쪽을 사용하여 한 명 혹은
여러 명의 상대팀 선수를
피하기 위해 공에 둥근 궤도를
주는 것이다. 이 기술을 잘
마스터하면, 매우 정확하게
패스할 수 있다. 동작을
부드럽게 하면서 공을 옆으로, 뒤에서 앞으로
찰 수 있다. 공은 스스로 회전하며 궤도가
안쪽으로 휘어진다. 이 패스는 엉덩이와
발목의 유연성을 필요로 하며 공에 스핀을
주는 행동으로 활용될 수 있다.

힐 패스

발을 공 앞에 두고 뒤꿈치를
이용하여 공을 앞에서 뒤로 찬다.
짧지만 자연스러운 이 패스는 발
안쪽으로부터 나오는 전통적인
패스를 예상하는 상대방을
속일 수 있다.

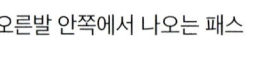
오른발 안쪽에서 나오는 패스

컨트롤 없는 패스

패스는 컨트롤 후에 이루어진다. 하지만 공이 발에 닿는 순간 공을 다시 찰 수도 있다. 이러한 즉각적인 패스는 경기 속도를 빠르게 하고 좋은 결과를 예상하게 한다.

패스 앤 고

패스가 완료되면, 공이 다시 올 때까지 서서 기다리지 않아도 된다. 패스를 하고 공을 다시 받기 위해 움직인다. 이것이 '패스 앤 고'이다. 공을 방금 패스한 팀원과 공을 사용할 수 있게 만든 사람에게 돌려주는 경우, 이것을 '원-투'라고 한다.

삼각패스 배우기

3명의 선수는 공을 컨트롤하거나 컨트롤하지 않고서 '원-투-쓰리' 패스를 할 수 있다. 선수 B는 상대팀의 위치 때문에 선수 A에게 다시 공을 줄 수가 없다. 그는 공(A)을 선수 A에게 돌려줄 공간을 찾는 선수 C를 돕는다.

공중 패스

패스는 종종 머리로, 그리고 드물지만 가슴으로 할 때가 있다. 이러한 경우, 공은 공중에 있다. 또한 동료 사이에 놓인 상대팀을 속이거나 긴 크로스 패스를 할 때 발로 패스를 공중에 띄울 수도 있다.

몸을 뒤로 기울인 상태에서 발등 끝으로 공의 가장 낮은 부분을 찬다. 공을 부드럽게 차면서 공에 살짝 회전을 줄 수도 있다.

패스 게임

한 명 혹은 여러 명의 친구들과 함께 패스 연습을 할 수 있다. 3가지 패스 훈련을 소개한다.

패스 앤 고

- 공 1개
- 벽
- 끈 1개
- 돌 2개

1. 벽에서 5m 떨어진 곳에 끈으로 선을 만든다.

2. 그 옆에 서서 넓은 각도로 벽을 향해 공을 찬다. 공은 되돌아올 것이다.

3. 공을 컨트롤하고 다시 벽 쪽으로 보낸 다음 움직인다. 계속 반복한다. 공이 끈을 넘지 말아야 한다. 왼발과 오른발을 사용한다.

잘 쓰지 않는 발을 사용해보자

우리는 두 개의 발을 가지고 있기 때문에 한 발이 어색한 것처럼 느껴지더라도 두 개 다 사용하는 법을 배워야 한다.

- 2명 이상의 선수
- 공 1개

1. 두 명의 선수는 5m 간격으로 떨어져 있고, 여러 방법으로 서로 공을 주고받는다.

- 잘 사용하는 발의 안쪽으로, 공을 컨트롤하거나 하지 않고
- 잘 사용하지 않는 발의 안쪽으로, 공을 컨트롤하거나 하지 않고
- 발등으로
- 발 바깥쪽으로

2. 10m 떨어져서 똑같은 패스를 반복하고, 그 후 15m 떨어져 반복한다.

5m

정확도 향상시키기

- 1명 이상의 선수
- 공 3개
- 물병 혹은 핀 3개

1. 출발선에서 10m 떨어진 지점에 2m 간격으로 3개의 물병(혹은 3개의 핀)을 줄지어 놓는다.

2. 마치 패스하는 것처럼 발 안쪽으로 공을 터치해서 병을 쓰러뜨린다.

3. 친구들과 시합한다. 거리를 조정해보거나 잘 쓰는 발 바깥쪽이나 잘 쓰지 않는 발 안쪽 역시 사용해본다.

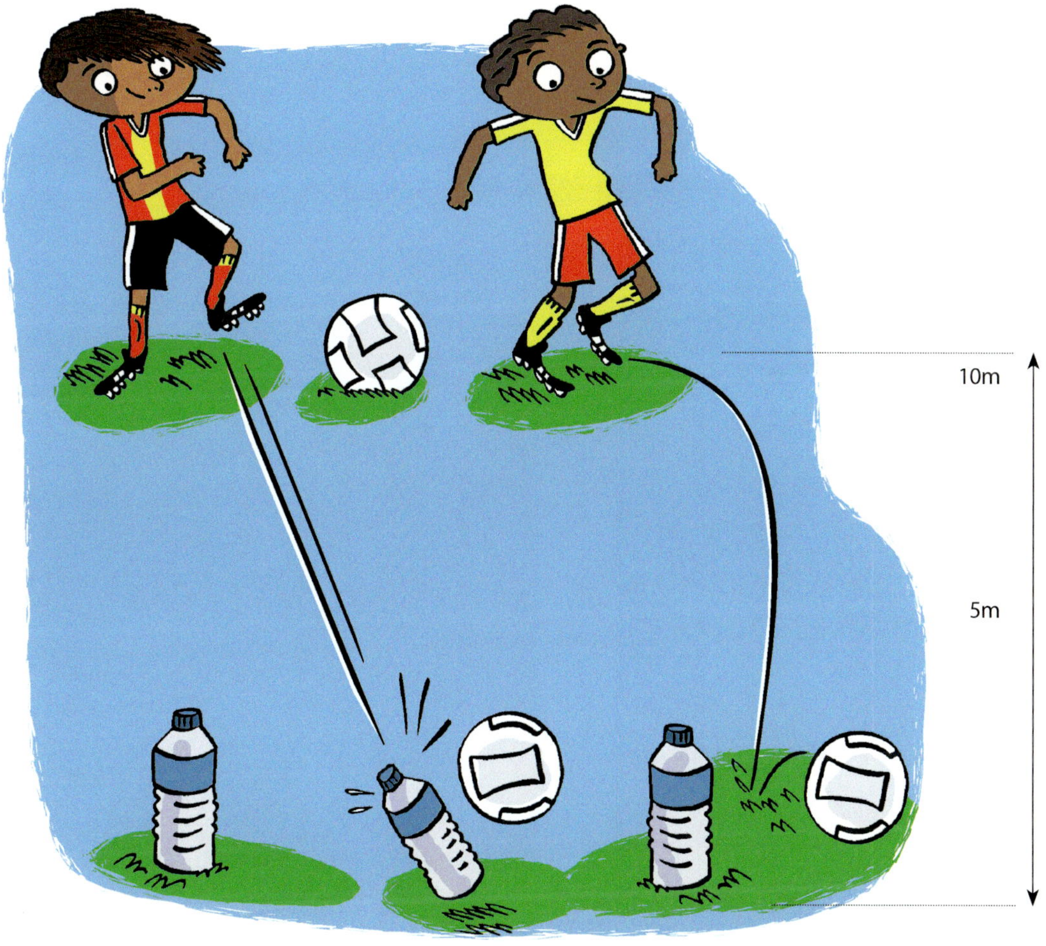

10m

5m

드리블이 성공하면 고개를 들고 동료를 찾아라.

패스 성공하기

패스는 동료에게 전달하는 것이다. 달리고 있는 친구에게
정확하게 공을 패스하는 연습을 해보자.

달리면서 정확성 기르기

2명의 선수와 1개의 공, 4개의 콘 또는 핀이
필요하다.

1. 10m 정사각형 모서리에 콘 4개를 놓는다.

2. 선수 한 명이 사각형 중간에 자리 잡는다. 또
다른 선수는 코너 A에서부터 시작하여 일정한
속도로 4개의 콘을 돈다.

3. 달리는 선수에게 중앙에 있는 선수가 공을
패스한다. 달리는 선수는 공을 컨트롤하고, 다시
공을 패스하고 계속 달린다.

4. 중앙에 있는 선수는 발 안쪽으로 정확하게 패스를
한다. 이때 공을 컨트롤하거나 컨트롤하지 않는다.

어떤 상황에서도 동료가 공을 기다리기 위해
멈추거나 후퇴해서는 안 된다.

컨트롤한 뒤 공을 움직이기

선수 2명, 공 1개, 기준점 2개(서로 마주 보는
나무 혹은 콘)가 필요하다.

1. 각 선수는 각자의 기준점 오른쪽에 서 있다.

2. A 선수는 자신의 앞쪽으로 계속 패스를 보낸다.

3. B 선수는 자신의 기준점을 돌다가 공을 받아서
대각선으로 A에게 공을 패스하고 A의 기준점
왼쪽으로 간다.

4. A는 공을 컨트롤하고 자신의 앞에 패스를 보내는
일을 반복한다. 10번 패스할 때마다 서로 자리를
바꾼다.

두 발로 컨트롤하지 않기

2명의 선수와 1개의 공, 7개의 콘 또는 핀이
필요하다.

1. 7개의 콘을 3m 간격으로 세워놓는다.

2. 두 명의 선수는 달리면서 패스를 하는데 이때 공을
컨트롤하고, 또 컨트롤하지 않는다. 돌아올 때는 같은
자리에 있지만 발을 바꿔서 패스한다.

바깥쪽 발을 사용한
회전 패스

드리블의 기술

드리블은 공을 가지고 상대편을 '물리치는' 것이다. 드리블은 함정에 속은 수비수를 놀라게 한다. 좋은 선수가 되려면 드리블을 잘 마스터해야 한다.

왼쪽 발 바깥으로 방향 전환하기

방향 전환

방향 전환은 수비수 오른쪽이나 왼쪽으로 가는 것을 말한다. 내 앞에 상대팀 선수가 있다. 그는 수비 동작을 취할 만큼 충분히 가까이 있다. 이 순간이 그를 속일 선택을 해야 할 때다. 왼쪽이든 오른쪽이든 몸을 흔들고 안쪽 발로 공을 끌고 간다. 꼼짝 못한 상대 선수는 반응할 만한 시간이 없다. 그 사이 다시 몸을 세워서 공을 끌고 가면 된다.

등 뒤에서 방향 전환하기

상대팀에게 등을 돌리고 방향 전환을 할 수 있다. 마치 오른쪽으로 방향 전환을 시작하려는 것처럼 몸을 흔든다. 상대방은 방어를 하게 된다.

드래그 백

더 나은 패스를 위해 한 발짝 물러서는 것이다.

1. 발바닥으로 뒤로 공을 긁어당긴다.

2. 다리를 앞으로 뻗은 상대팀 선수는 균형을 잃는다. 그 순간 쉽게 빠져나가서 다시 공을 움직이면 된다.

페인팅 기술

이것은 내가 왼쪽으로 가려고 할 때 오른쪽으로 가거나 혹은 반대로 오른쪽으로 가려고 할 때 왼쪽으로 간다고 상대 선수가 믿게 만드는 것이다.

1. 오른발 안쪽으로 상대의 오른쪽을 향해 공을 가져간다. 그는 방어 동작을 취하기 시작한다.

2. 그는 내가 가는 반대 방향으로 움직인다. 오른발 바깥쪽으로 방향을 전환한다.

3. 지탱하고 있는 왼쪽 발을 힘껏 밀고 오른발로 공을 계속 몰아간다.

속도가 중요

모든 드리블 기술의 성공 요인 중 하나는 속도이다. 너무 느리면 실패할 확률이 크다. 상대가 다음 동작을 예측할 수 있기 때문이다.

스텝 오버

상대의 수비 동작을 방해하는 드리블이다.

1. 오른쪽 바깥쪽 발로 방향 전환하는 척한다.

2. 지탱하고 있는 오른발 뒤로 왼발을 보내면서 공을 반대 방향으로 민다.

마르세유 턴

상대를 혼란스럽게 하기 위해 팽이처럼 빙글빙글 도는 것이다. 왼쪽 발바닥을 공 위에 놓고 오른발로 돌면서 회전한다. 회전하는 몸은 당황한 수비수 행동의 장애물이 된다. 따라서 수비수를 지나가거나 반대 방향으로 계속 행동할 수 있게 된다.

다리 사이로 통과하기

상대 선수 다리 사이로 공을 패스해서 상대 선수를 지나간다.

1. 방향 전환을 시작하고 수비수는 반격한다.

2. 상대방 다리 사이로 공을 패스한다.

3. 그다음 상대방 뒤에서 다시 공을 받는다.

브릿지 기술

이 동작은 공을 상대방의 한쪽으로 밀고 다른 한쪽으로 돈 다음 다시 공을 몰고 가는 것이다.

1. 상대 선수가 나를 막으려고 서 있다. 상대방 오른쪽으로 치고 달리면서 공은 상대방 왼쪽으로 보낸다.

2. 상대방 뒤에서 공을 받아서 계속 달린다.

라 크로케타(팬텀 드리블)

라 크로케타 기술을 매우 빠르게 사용하면 상대방을 놀라게 할 수 있다.

왼발

그 다음, 오른발

실용적인 기술

다음의 훈련을 통하여 프로 선수처럼 드리블하는 연습을 해보자!

방향 전환하기

방향 전환은 상대방을 놀라게 할 때 성공한
것이다. 상대방을 대신할 수 있는 말뚝, 기둥,
타이어 또는 나무 주변을 도는 것으로 연습을
시작한다. 공 1개, 콘 2개, 말뚝 1개 또는 나무 한
그루가 필요하다.

1. 직선 경로에서 공을 몰고 콘 사이를 지나 방향
전환을 한다.

2. 오른발 안쪽으로 방향 전환을 한 다음, 왼발 안쪽,
그리고 오른발과 왼발 바깥쪽으로 연습한다. 조심해야
할 점은 콘과 나무 사이의 공간이 매우 좁다는 것이다.
나무나 콘을 터치한 경우, 처음으로 돌아가서 연습을
다시 시작한다.

방향 전환이 성공했다면 상대방이 반대쪽으로 움직인다.

다리 건너기

3명 이상 선수와 공 1개, 콘 2개, 막대기 한 개,
물병 5개, 타이어 1개가 필요하다.

1. 상대방을 대신할 수 있는 작은 울타리를 세워놓고
달리기 코스를 만든다.

2. 친구와 함께 시간제한이 있는 경기를 해본다.
몇 가지 경로를 상상해보자. 방향 전환을 하면서
이동하기(발 안쪽과 바깥쪽 다 사용하기), 울타리
앞에서 브릿지기술 하기, 울타리 사이로 공을 통과하며
돌아오기. 울타리 사이로 공을 통과시킬 때, 공은
울타리 밑으로 보내고 선수는 울타리를 뛰어넘는다. 또
오른쪽과 왼쪽으로 브릿지기술을 해보자.

연속 드리블

4명의 선수와 공 1개, 6개 콘 또는 핀이 필요하다.

1. 핀 한 쌍씩 3m 간격으로 놓는다. 각 쌍의 간격은
10m이다.

2. 가로 15m, 세로 10m 크기의 작은 그라운드를
그린다. 골대의 폭은 1m이다.

3. 두 명의 선수는 각 진영에 위치한다.

4. 킥오프가 시작되면, 4명의 선수는
그라운드를 이동할 수 있다. 공을
소유한 팀이 자신의 진영에서
움직일 때, 아무런 제약 없이
패스하고 드리블할 권리가
있다. 반면, 공을 가진 선수가
상대팀 진영으로 들어가자마자 그는
골대까지 드리블해야 한다. 후퇴할 수는
없지만, 동료에게 패스할 수는 있다.

다만 옆이나 뒤로만 패스가
가능하다. 공격수가 콘
사이로 공을 몰고 가면 골로
인정이 된다. 숫을 하지 않고
다만 공을 따라간다. 10점을
내면 승리한다.

득점하고,
방어하고

득점은 공을 골대로 밀어 넣는
결정적인 동작이다. 방어는
상대방을 막기 위해 그에게
밀착하는 것이다. 각각의 상황에
맞는 특별한 기술 동작이
필요하다.

슈팅!

숏은 공을 골대로 보내는 동작이다. 축구에서 슈팅은 결정적인데, 축구 목적이
득점하는 데 있기 때문이다. 골킥과 스로인도 숏의 한 형태로 볼 수 있다.

올바른 동작

올바른 슈팅은 발등에서부터 나온다.

1. 오른쪽으로 도움닫기를, 왼쪽 팔로 슈팅 방향을
가리킨다.

2. 지탱하고 있는 발과 공은 수평을 이룬다. 오른발을 뒤로
높이 쳐들고 땅을 향해 내리찍는다.

3. 오른발 발등으로 공 중앙을 친다. 계속해서 방향은 아래로
둔다.

4. 오른발은 공과 함께 움직인다. 왼쪽 어깨는 균형을 잃고
왼쪽 팔은 몸과 교차한다.

지탱하는 발의 위치

성공적인 프리킥을 위해서는 지탱하는
발이 공과 수평을 이루어야 한다.

너무 앞쪽에 위치해 있다.　　너무 뒤쪽에 위치해 있다.　　올바른 위치

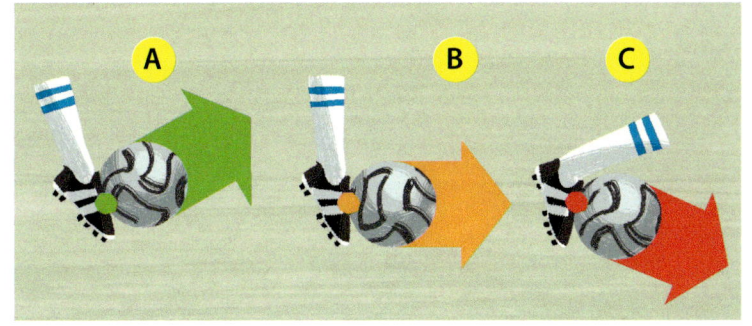

임팩트 포인트

지탱하는 발과 같은 곳에 놓인 상태에서 발이 공의 아래쪽(A)이나 중간(B), 혹은 위쪽(C)에서 접촉하는 것에 따라서 공은 서로 다른 궤도를 그린다.

로빙

로빙은 골키퍼가 앞으로 나왔을 때 골키퍼 위로 공을 패스하는 기술이다. 몸을 뒤로 기울인 상태에서 공 아랫부분을 찬다.

몸의 위치

몸이 앞으로 기울었으면, 공은 아래로 간다. 반면, 몸이 뒤로 기울었다면, 공은 위로 뜬다.

로빙에서 가장 어려운 점은 공이 하늘 높이 뜨지 않도록 슛의 힘을 조절하는 것이다.

발리슛

발리슛은 가장 어려운 슛 중 하나이다. 공의 높이가 잘 맞아떨어져야 하기 때문이다. 또한 슛을 보낼 속도와 궤도, 그리고 방향을 잘 이해해야 한다. 발등으로 공을 차고 공에서 눈길을 떼면 안 된다.

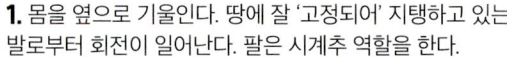

1. 몸을 옆으로 기울인다. 땅에 잘 '고정되어' 지탱하고 있는 발로부터 회전이 일어난다. 팔은 시계추 역할을 한다.

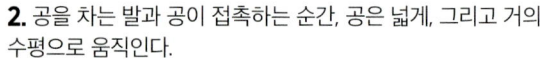

2. 공을 차는 발과 공이 접촉하는 순간, 공은 넓게, 그리고 거의 수평으로 움직인다.

드롭킥과 비슷하게

발리슛을 쏠 때 주의할 점을 잘 지키면서 하프발리슛을 할 수도 있다. 공이 땅에 닿고 다시 튀어오를 때 공을 찬다.

오버헤드킥

발리슛과 비슷하지만 오버헤드킥은 땅에서 떨어진 두 발이 불균형한 상태로 공을 차는 것이다.

오버헤드킥은 공을 등 뒤로 보내는 슛이다.

회전 킥

패스와 마찬가지로, 공과의 접촉은 발 바깥쪽으로 이루어지며 공은 뒤에서 앞으로 회전한다. 공은 상대 골키퍼를 정복할 수 있는 회전 궤도를 따라 움직인다. 회전 킥은 직접 프리킥을 찰 때 매우 유용하다.

오른쪽 발 바깥으로

왼쪽 발 안쪽으로

정확도를 향상시키기 위해 벽에 공을 맞히기

이 게임은 혼자 또는 친구와 연습할 수 있다. 두 발을 전부 사용하는데 잘 쓰지 않는 발로 점수를 따면 그 점수는 더블 스코어다.

- 1명 이상의 선수
- 공 1개

1. 차고 문이나 벽에 1부터 9가 새겨진 9개 사각형을 그린다. 사각형 가장자리는 50cm이다.

2. 9개 사각형 중 하나를 맞춘다. 5m 떨어진 곳에서 시작하고 점점 뒤로 물러난다. 주의할 점은, 공을 차기 전에 어떤 목표를 맞출지 미리 알려야 한다.

3. 사각형 프레임 안에 공을 맞힐 경우에는 3점이다. 미리 설정한 목표에 이웃한 사각형을 맞추면 2점이다.

다른 방법으로 슛하기

이상적인 상황에서 슈팅을 하는 일은 거의 없다. 슈팅을 하기 전에 상대방을 물리쳐야 하고, 긴급한 상황에서 높이 떠 있는 공을 활용해야 한다.

장애물을 제거한 후

이 훈련을 하기 위해서는 2명의 선수와 1개의 공, 나뭇가지 2개, 양동이 2개가 필요하다.

1. V자 모양으로 된 가지를 바닥에 세우고 지면으로부터 1m 정도 위에 막대기를 얹어서 작은 울타리를 만든다. 2개 콘이나 2개 양동이를 사용해도 된다.

2. 출발점에서부터 공을 몰고 간다. 공을 울타리 밑으로 패스하고 울타리를 뛰어넘는다. 공을 다시 받아서 한 번의 접촉 후 슈팅을 한다.

3. 규칙을 준수한 득점은 3점으로 인정한다. 규칙을 준수했으니 장애물에 맞은 골은 2점으로 인정한다. 만약 공이 정확하게 울타리를 넘지 않았거나 막대기가 떨어진 경우, 또는 공을 여러 번 접촉할 경우 슛은 0점으로 처리한다.

발리슛 연습하기

선수 2~3명과 공 2개, 플라스틱 콘 2개가 필요하다.

1. 골대에서 10m 떨어진 콘 위에 공 2개를 놓는다. 지탱하는 발은 땅을 향하고, 몸을 기울이고 발등을 수평으로 하면서 연속으로 공을 찬다.

2. 이제부터는 동료가 보낸 공으로 번갈아 발리슛을 연습한다. 여기서 연습해야 하는 것은 움직임과 '타이밍'이다. 공은 절대로 같은 속도나 같은 높이, 심지어 같은 축으로도 오지 않는다.

지탱하는 발은 땅에 잘 고정하고, 발끝은 아래쪽을 향한다.

머리를 이용하기

헤더는 공의 궤도, 높이 그리고 속도를 잘 이해해야 한다.
패스할 때나 골대를 향해 슛을 할 때 유용하다.

올바른 자세

헤더에서 가슴은 엔진이고 머리는 핸들이다.

2. 가슴을 뒤로 계속 젖히면서 점프를
한다.

1. 점프를 위한 추진력을 취하는
동시에 가슴이 뒤로 젖혀진다.

다치기 쉬운 몸

아직 완전하게 몸이 만들어지지 않은
초보자에게는 헤더 훈련을 추천하지
않는다. 또한 반복적으로 머리를 쓰는
훈련은 신체적으로 꽤 심각한 피해를 줄 수
있다.

3. 가슴은 강하게
앞으로 나가고
머리는 오른쪽, 센터,
왼쪽, 위, 아래와
같이 목표물을 향해
방향을 튼다.

내리꽂기

상대 골키퍼를 놀라게 하는 좋은 방법은 머리로 공을 땅으로
내리꽂아서 공의 궤도를 변경하는 것이다.

머리로 공을 내리꽂을 때에는, 이마를 땅을 향해
기울여서 리바운드 되게 한다.

머리 들기와 내리꽂기 연습

- 2명 이상의 선수
- 공 1개
- 끈 1개
- 기둥 또는 말뚝 2개 또는 나무 2그루

A   B

1. 2개의 기둥 또는 2그루의 나무 사이에 1.5m 높이로 끈을 매단다.

2. 땅에 A와 B 표시를 한다.

3. 동료에게 끈 위로 공을 던진다. 동료는 머리로 공을 받아 다시 보내야 한다. 끈 위로 공을 보내면 나는 가슴으로 받고 끈 밑으로 공을 보내면 나는 발로 공을 받는다.

4. 다음으로 끈 밑으로 공을 보내서 머리로 받는 연습을 한다. 사이드 스텝을 할 때 옆으로 움직이는 방법을 특히 잘 생각해봐야 한다.

앞으로 가거나 뒤로 가면서 헤더 연습하기

- 선수 2명
- 공 1개

1. 서로 마주 보고 3m 간격으로 선다.

2. 손으로 공을 보내는 것으로 시작한다. 친구가 나에게 공을 높이 던지고, 나는 친구 팔을 향해 머리로 공을 받는다.

3. 3m 간격을 두고 앞으로 가거나 뒤로 가면서 같은 동작을 반복한다.

4. 둘 다 머리를 사용하면서 같은 연습을 반복한다. 머리로 공을 몇 번 주고받는지 세어보고 기록을 만들어보자.

도약하지 않고 던지기

스로인

경기 중에 여러 번 공이 경기장 밖으로 나갈 수 있다. 스로인은 공의 소유권을 확인하는 데 필수적인 동작이다.

도약 없이 던지기

발을 라인 뒤에 잘 놓고, 공을 들고 있는 손은 머리 위로 올린 다음, 가슴을 뒤로 젖혀서 앞으로 공을 던진다. 동료에게 공을 보내고 그라운드에 들어가면서 불균형했던 동작을 끝낸다.

도약하면서 던지기

터치라인에서 물러선 다음, 가슴을 뒤로 기울이고 공은 머리 뒤로, 발은 앞으로 뻗는다. 두 발은 땅에 고정하면서 앞으로 가려는 움직임을 차단한다. 가슴을 앞으로 내밀고 공이 머리 위에 있을 때 공을 손에서 놓는다.

엄지손가락!

손바닥으로 공 약간 뒤쪽에서 양 옆면을 꽉 잡는다. 다른 손가락에 거의 수직인 엄지손가락이 공이 뒤로 빠져나가지 못하게 막아준다.

유소년 카테고리 경기에서 스로인은 발로 이루어진다. 라인 뒤에 공을 놓고 정확성을 위해 발 안쪽으로 공을 찬다.

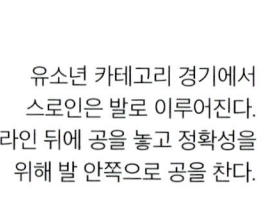

도약하면서 던지기

공은 정해진 방향을 향해 적절한 타이밍에 던진다.

스로인의 정확성

2명의 선수와 공 3개, 콘 또는 핀 5개가 필요하다. 끈 등을 이용하여 라인을 그린 후 5m, 8m, 그리고 10m 간격으로 콘을 놓는다.

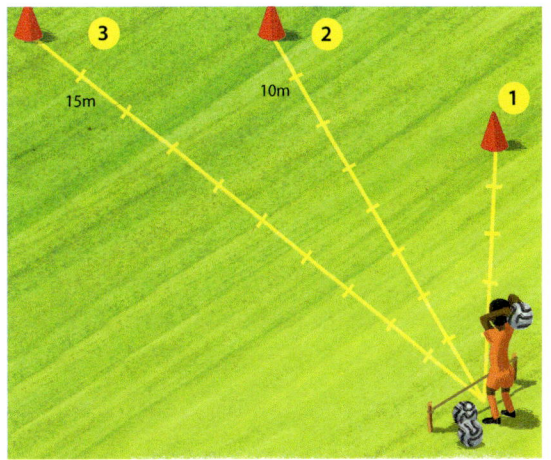

1. 각각의 콘까지 도달하도록 연속으로 스로인을 던진다. 1번 콘까지 던지면 1점, 2번 콘까지 던지면 2점, 3번 콘까지 던지면 3점을 부여하면서 점수 내기를 할 수도 있다.

2. 방향과 정확성을 동시에 향상시키기 위하여 5개 다른 장소에 콘을 놓는다. 내가 가슴을 똑바로 펴려는 순간, 친구가 콘의 번호를 외친다. 친구가 지정한 콘에 공을 던지기 위해서 즉시 나의 위치를 조정해야 한다.

3. 스로인을 더욱 다양하게 하고 친구들의 움직임에 반응하고 인터벌을 목표로 하기 위해서 친구가 콘 뒤에 가서 공이 도착하는 마지막 순간에 움직인다.

좋은 수비

축구 기술은 상대방 진행을 막고 공을 뺏는
몇 가지 기술을 포함한다.

대인방어

Marquer('득점하다'와 '마크하다, 방어하다'
두 가지 뜻을 다 가지고 있다.)는 '상대팀
골대에 공을 보낸다'라는 뜻과 가능한 한 가장
가까이에서 상대방의 움직임을 따라가는 것을
뜻한다. 항상 상대방의 등 뒤에서 방어하며
골대와 그의 사이에 틈을 주지 않는다. 따라서
상대방 움직임을 방해하고 그의 동료가 그에게
공을 보내지 못하도록 막아야 한다. 또한 그가
공을 받거나 갖고 있을 때 공을 가로채야 한다.

줄무늬 옷을 입은 수비수를 위한 '밀착' 수비

어깨 차징

어깨로 상대방을 수비하는 것은 허용된다.
상대방을 바닥에 쓰러뜨리거나 그라운드 난간에
기대서 하지 않는 한.

주의할 점

발을 땅에서 떼거나, 발바닥을 앞으로 뻗거나 상대방의
발목을 쳐서 쓰러뜨리면 안된다. 이 세 가지 경우에는
제재를 받는다.

태클

공을 상대방 발에서 밀어내 공을 빼앗는 기술이다.

1. 공격자와 같은 높이에 선다. 발등으로 공을 건드릴 오른쪽 다리를 공 쪽으로 뻗어 왼쪽 엉덩이를 미끄러지듯 움직인다.

2. 공을 다시 자신의 발로 가져와서 빼앗아 오는 슬라이딩 태클은 매우 성공적인 수비 동작이다.

방어하는 법 배우기

상대방에서 멀어지거나 공을 눈에서 떼지 않고 개인 수비 훈련을 통해 대인방어를 연습하자.

상대를 놓치지 않기

2명의 선수와 1개의 공이 필요하다. 친구와 내기를 할 수도 있다. 공을 가장 빨리 가지는 사람이
대결에서 승리하는 것이다.

1. 끊임없이 속도와 방향을 바꾸면서 뛰고 있는 친구의
뒤에 선다. 친구에게서 1m 이상 떨어지지 않으면서
친구가 달리는 코스를 그대로 쫓아서 간다.

2. 그다음 친구는 공을 가지고 같은 행동을 반복한다.
가능한 한 빨리 친구에게서 공을 빼앗아야 한다.
역할을 바꿔서 계속 반복한다.

사각형 수비

3명의 선수, 2개의 공, 10m 끈과 돌 4개가 필요하다.

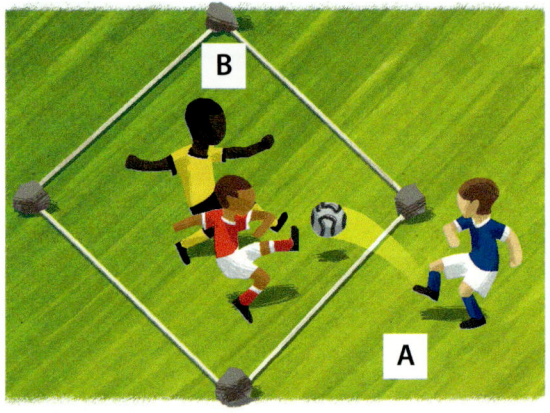

1. 줄과 돌을 이용하여 2.5m 길이의 정사각형을
그린다. 친구 두 명은 공을 사각형 안으로 몰아넣는다.
친구들로부터 공을 빼앗아 가능한 한 오래 지켜야 한다.

2. 친구 중 한 명(A)이 정사각형 밖에서 또 다른
친구(B)에게 공을 보낸다. 친구가 공을 컨트롤하기
전이나 컨트롤한 후에 공을 빼앗아야 한다.

키르야코스를 막는 리산드로 로페스의 빈틈없는 밀착 수비

태클 연습!

태클은 발바닥이 아닌 발등으로 해야 함을 잊지 말아야 한다. 다음 연습을 위해서는 2명의 선수와 공 1개, 6개의 콘 또는 핀이 필요하다.

1. 그림과 같이 콘을 배치한다.

2. 친구는 콘 A에서 B를 향하여 달리기를 시작한다. B에 도착했을 때, 오른쪽 또는 왼쪽으로 속도를 내서 C 또는 D를 통과한다.

3. 친구가 C 또는 D를 통과하는 순간 태클을 건다.

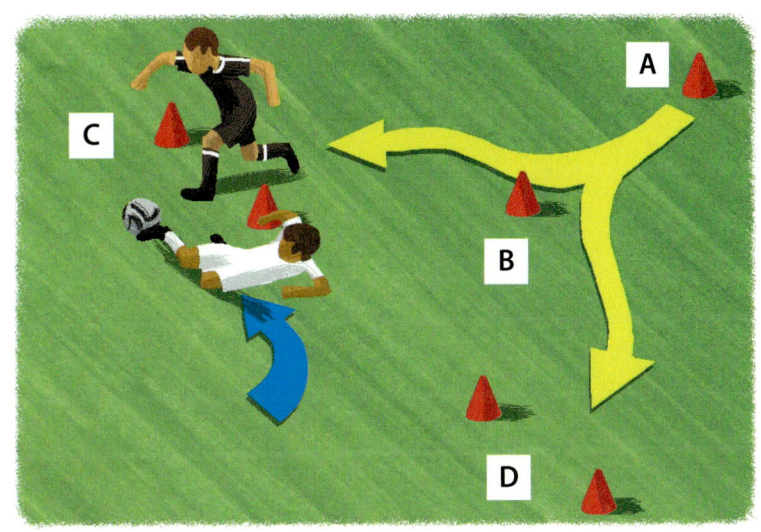

기술 동작 복습하기

다음 게임과 훈련을 통해 그라운드에서 선수들이 사용하는 모든 기술 동작을
연습할 수 있다!

족구 배우기

실제 테니스 코트 또는 놀이 공간을 직접
만들어 그곳에서 친구들과 함께 게임을 즐길
수 있다.

- **2명 이상의 선수**
- **끈**
- **분필**
- **말뚝, 기둥 또는 나무**

1. 75cm 높이에 나무나 기둥
사이에 끈을 매단다.

2. 분필로 그라운드를 그리거나
잔디에서 할 경우 끈으로
그라운드를 만든다.

3. 1대1, 2대2 또는 3대3
대회를 한다. 경기 규칙은
다음과 같이 정할 수 있다.
- 리바운드 허용하지 않기
- 리바운드 허용하기
- 신체 모든 부분으로 공
  접촉하기(발, 머리, 허벅지,
  가슴)
- 머리로만 받기, 또는 발로만
  받기

20점 내기를 해보자. 모든
점수를 기록하고, 점수를
획득한 팀에게 서브권을 준다.

벽을 이용한 게임

슈팅과 컨트롤을 어떻게 다양하게 연습할 수 있을까?
공 컨트롤을 한 후 벽을 이용하여 두 명
선수가 번갈아가며 공을 찬다.

- 2명 이상의 선수
- 공 1개
- 벽

1. 여러 가지
슈팅을 시도해본다.
프리킥, 회전킥, 로빙…, 그리고
받아내기, 방향 바꾸기, 막기와 같은
컨트롤 기술 역시 연습한다. 항상 움직여야 한다.
움직임은 연습의 성공을 위한 기초이다.

2. 게임 에어리어를 만들어서 훈련을 좀 더 어렵게
만들어본다. 좀 더 정확하게 슈팅하고
컨트롤의 질을 크게 개선해본다.

3. 내기를 해보자. 게임
에어리어 밖에서 리바운드 된 공은
키커에게 페널티 1점을 부여한다. 게임
에어리어 내에서 실패한 컨트롤은 수비수에게
페널티 1점을 준다. 먼저 10점을 얻은 선수가 패배한다.

코스 훈련

함정이 곳곳에 있는 이 코스 훈련은 공 몰기, 패스, 컨트롤 그리고 슈팅을 연습할 수 있게 해준다.

CPCT

CPCT는 공 몰기, 패스, 컨트롤, 슛을 의미한다. 기술 동작을 잘 마스터할 수 있도록 천천히 연습하는 것부터 시작한 다음, 점차적으로 속도를 낸다. 출발점은 골대에서 15m, 콘 A는 골대에서 10m 위치에 놓는다.

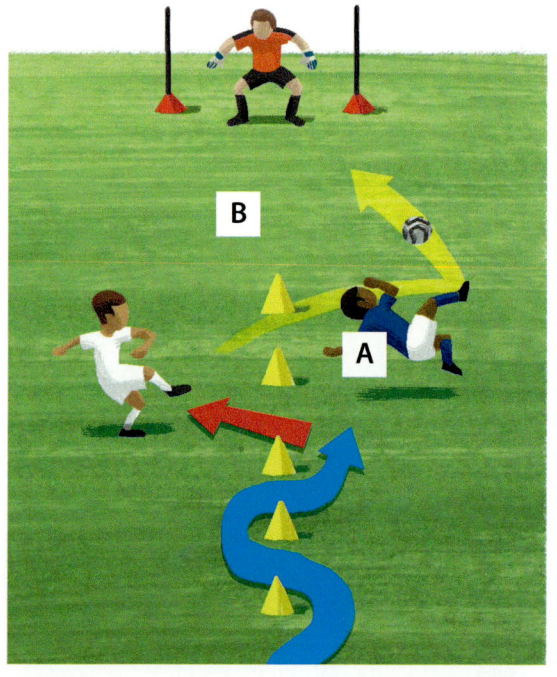

1. 공을 몰고 가다가 처음 3개의 콘 사이에서 슬라럼을 한다. 친구에게 공을 패스하고 콘 A와 B 사이에서 공을 받기 위해 계속 달린다.

2. 그다음 슛을 하기 좋은 위치를 지정하는 방향 컨트롤을 한다.

3. 슈팅을 한다.

4. 5번 통과할 때마다 역할을 바꾼다.

골대에 도착하기 전까지 넘어야 할 산이 많다.

코스의 끝에 도착하여 재빨리 슛을 한다.

PLTCPT

PLTCPT는 패스, 던지기, 머리, 컨트롤,
패스 그리고 슛을 훈련하는 코스이다.

1. 친구에게 패스한다. 친구는 공을 손으로 잡고
있고 내가 달릴 때 공을 높게 던져준다.

2. 머리로 내려 꽂아서 공을 다시 돌려준다.

3. 친구는 공을 컨트롤해서 콘 A와 B 사이로
나에게 패스한다.

4. 나는 컨트롤하지 않고 슛을 한다.

5. 5번 통과할 때마다 역할을 바꾼다.

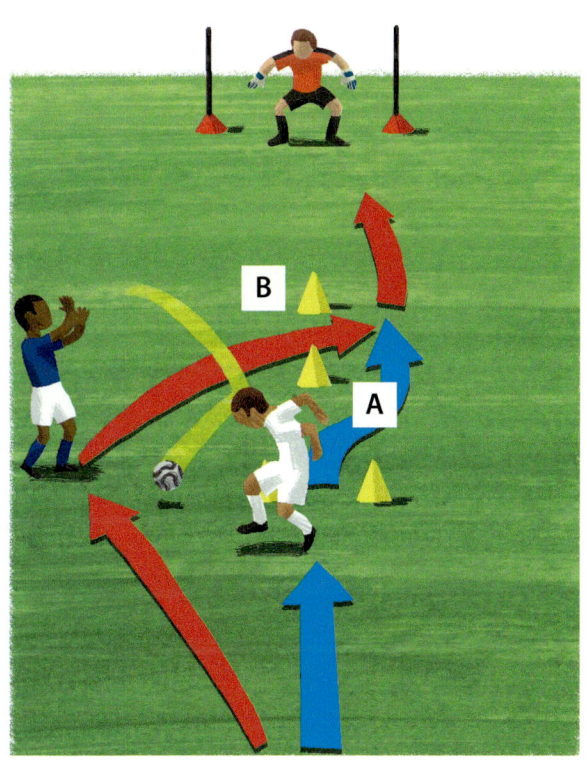

실제로 그라운드에서 뛰는 선수가 되기

사용하고 있는 장소와 물체의 구성에 따라 코스는 언제든지 바꿀 수 있다.

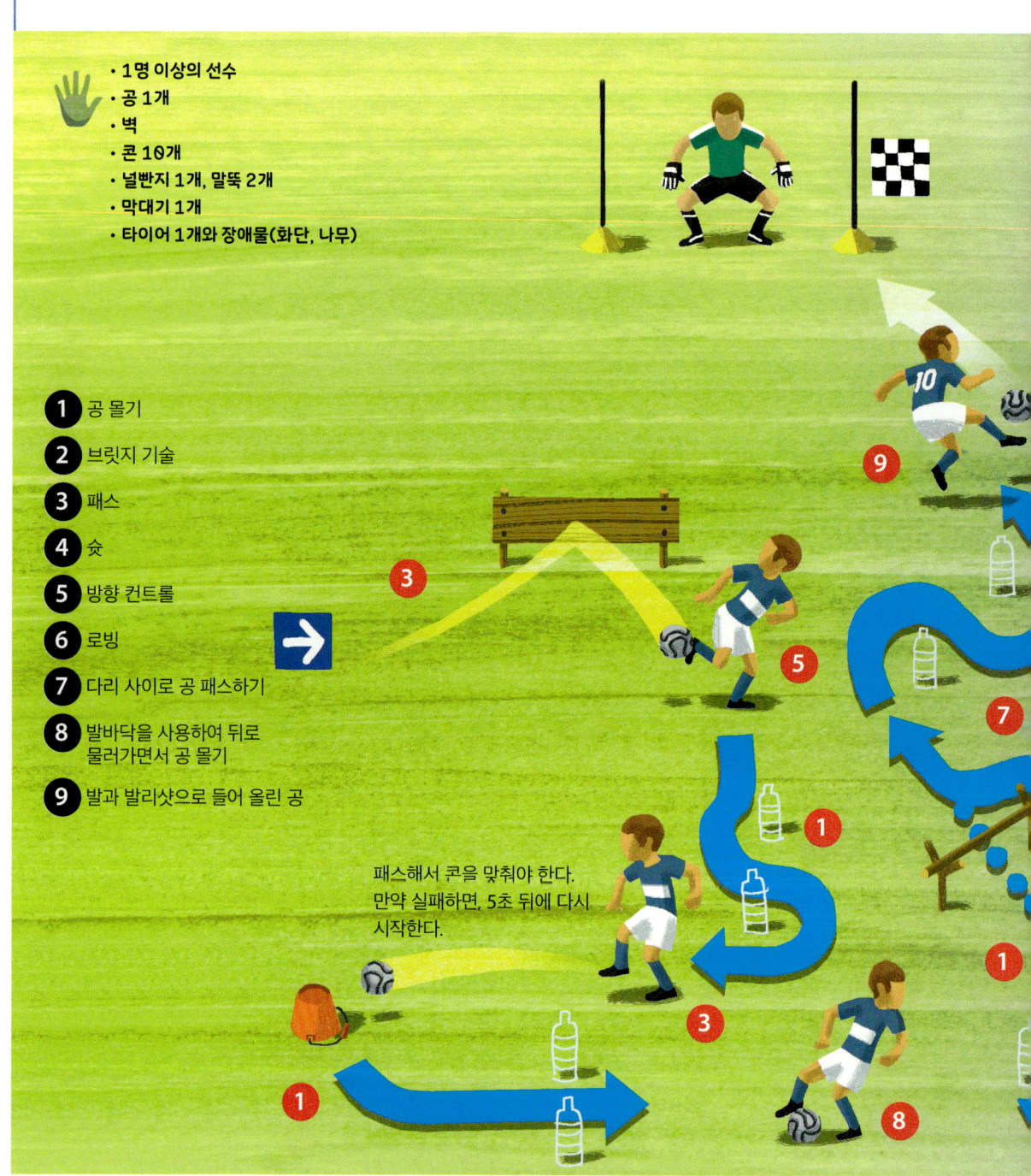

- 1명 이상의 선수
- 공 1개
- 벽
- 콘 10개
- 널빤지 1개, 말뚝 2개
- 막대기 1개
- 타이어 1개와 장애물(화단, 나무)

1 공 몰기
2 브릿지 기술
3 패스
4 슛
5 방향 컨트롤
6 로빙
7 다리 사이로 공 패스하기
8 발바닥을 사용하여 뒤로 물러가면서 공 몰기
9 발과 발리샷으로 들어 올린 공

패스해서 콘을 맞춰야 한다. 만약 실패하면, 5초 뒤에 다시 시작한다.

1. 널빤지에 말뚝을 박는 것으로부터 시작한다. 어른들에게 부탁하자. 그다음으로 못질한 널빤지와 콘, 타이어, 작은 울타리를 자리에 놓으면서 코스를 그린다.

2. 시간제한이 있는 경기를 해보자. 스톱워치는 출발선을 떠날 때 시작한다. 공이 골대(첫 번째 코스)에 도달하거나 결승선(두 번째 코스)을 통과하면 스톱워치를 멈춘다.

골키퍼

골키퍼의 등 번호는 1번이다.
그는 마지막 보루이며 손을
사용할 수 있는 유일한 선수이다.
골키퍼가 가져야 할 위험과
책임감이 마음에 든다면,
골키퍼의 기술과 팁을 배울 수
있다.

골 조심!

손을 사용할 수 있는 유일한 선수인 골키퍼는 상대 슛을 막기 위한 특별한 기술 동작을 배운다.

다양한 기술

골키퍼 기술 동작에는 여러 가지가 있다. 캐칭, 다이빙, 펀칭, 골키퍼의 전진, 각도 좁히기, 스로인과 골킥 등. 이러한 동작을 하기 위해서는 집중과 속도, 대담함, 유연성 등이 요구된다.

땅볼 캐칭

골키퍼의 다리 사이로 공이 지나가는 것을 막기 위해 두 개의 문을 닫아야 한다. 첫 번째는 손이다. 손으로 공을 잘 끌어안고 공을 받치고 있는 새끼손가락이 서로 닿을 정도로 공을 두 손으로 잘 받치고 있는다. 골키퍼의 몸은 공에 대해 약간 비스듬히 있다. 오른쪽 무릎은 왼쪽 발꿈치 가까이에 위치한다. 골키퍼는 두 팔로 가슴에 공을 잘 감싸 안고 '골대'로 가져온다.

땅볼 캐칭

땅볼을 막는 다이빙

측면으로 다이빙을 한다. 몸과 팔, 손을
사용하여 공을 막고 '골대'로 다시
가져온다.

엎드린 자세로 다이빙을 하지 않는다. 공이 몸
아래로 통과할 위험이 있기 때문이다!

가슴 높이에서 캐칭 하기

몸으로 '골대'를 만들기 위해 가슴을 오므린다. 어깨는
안으로 들어가고, 팔꿈치는 서로 밀착된다. '골대'에서
다시 튀어나오지 않도록 공을 차단한다.

불필요한 다이빙 피하기

옆으로 살짝 움직여서 공을 잡을 수 있다면,
굳이 다이빙하지 않아도 된다. 다이빙은 분명
스펙터클한 기술이지만, 위험하기 때문이다.

1. 동작을 더 안전하게 하기 위해 공을 잡은 후 팔꿈치를 땅에
붙일 수 있다.

2. 그다음, 어깨와 팔꿈치를 서로 밀착한다. 손을 모아 공을
막는다.

공중에서 캐칭 하기

성공적이고 안전한 방어는 공을 잘 잡고 공을 잘 컨트롤하는 것이다. 하지만 공의 궤도나 상대방의 압박으로 인해 그것이 불가능할 경우, 골키퍼는 다른 방어 수단을 사용한다.

점프해서 캐칭 하기

공이 궤도 정상에 있을 때 공을 잡아야 한다. 손은 반대되는 위치에 있고, 손가락은 위를 향한다. 공을 잡자마자, 공을 감싸 안는다.

점프해서 캐칭 하기

공중볼 캐칭 추진력

첫째로 좀 더 잘 뛰어오르기 위하여 도약하는 보폭은 빠르고 짧아야 한다. 추진력은 두 발, 또는 대개 한 발로부터 오는데, 공이 골키퍼의 오른쪽으로 오면 왼발, 반대의 경우 오른발이다. 지탱하는 다리는 약간 구부러져 있고 몸이 뛰어오르는 것을 돕기 위해 두 팔을 올린다. 또한 추진력은 발끝에서부터 오는데 그때 지탱하는 다리의 반대 다리를 구부린다. 상체는 항상 공 방향을 향해 있고, 착지는 추진력을 준 발에서 이루어진다.

삼각형 자세

공중볼을 잡을 때 손바닥이 서로 마주 보도록 공을 옆으로 잡으면 비누처럼 공이 손을 빠져나가 골대로 흘러가는 모습을 볼 위험이 있다. 공을 잡을 때 검지와 엄지로 삼각형을 만들고 손바닥으로 공을 받치면 공은 빠져나갈 수 없다!

뒤로 쳐내기

공이 몸을 넘어갈 경우, 뒷다리로 추진력을 받는다. 추진력은 강하고 몸을 최대한 늘어뜨린다. 공이 약간 오른쪽으로 오면 오른손으로, 약간 왼쪽으로 오면 왼손으로 쳐낸다.

주먹 편칭

최대로 몸을 점프하거나 상대방이 압박할 때, 공을 떨어뜨릴 위험을 줄이고 싶을 때 공을 주먹으로 친다. 팔을 쭉 펴고 주먹을 꽉 쥐어서 공 중간을 친다.

오른손으로 쳐낸다.

측면에서 쳐내기

공이 낮게 올 경우, 추진력은 이완하고 있는 쪽의 반대편 다리, 즉, 공이 왼쪽으로 오면 오른쪽, 공이 오른쪽으로 오면 왼쪽 다리로부터 온다. 다이빙을 하는 쪽에 해당되는 손으로 공을 쳐낸다. 공이 위로 올 경우, 다이빙하는 쪽에 해당되는 다리로 추진력을 얻고 그에 해당하는 손으로 공을 쳐낸다. 크로스 바 아래에 있는 공의 경우 반대쪽 손을 사용한다.

낮은 공의 경우 다이빙하는 쪽 손으로 쳐낸다.

높은 공의 경우 반대편 손으로 쳐낸다.

골키퍼 전진

골라인을 지켜야 하는 골키퍼는 페널티 에어리어의 주인이고
자신의 영역에 들어오는 공을 잡는 법을 알아야 한다.

결정과 속도

골키퍼가 골 에어리어 밖으로 전진하는 일은 공의 궤도와 속도,
상대방의 코스를 완벽하게 이해해야 하는 돌이킬 수 없는 결정이다.
결정을 하게 되면, 골키퍼는 그의 행동에 책임을 져야 하고 심사숙고한
뒤에는 후퇴해서는 안 된다. 전진은 매우 빨리 이루어져야 하는데,
그렇지 않으면 차라리 나가지 않고 각도를 좁히는 것이 낫다.

각도 좁히기

축구에서도 약간의 기하학은 필요하다. 공을 가진 선수 쪽으로 더
많이 전진할수록, 상대방 슈팅 각도는 줄어든다. 팔을 벌리고 중간에
서서 각도를 이등분하거나, 아니면 다이빙을 해서 온몸으로 각도를
좁힌다.

안전 수칙

공이 상대방의 발에서 떨어져
나갈 때 행동을 취해야 한다.
서 있는 위치에서 바닥에 누울
위치로 매우 빠르게 이동하고,
어느 쪽으로 누울지 선택한다.
(오른쪽에서 오면 오른쪽으로,
그 반대의 경우도 마찬가지)
발을 앞으로 뻗으면 안 된다.

방어법 잘 선택하기

공격수의 신체 능력, 수직 점프,
헤더 능력은 골키퍼의 방어
법을 선택하기 위해 이해해야
할 중요한 요인이다. 공격수가
집요하지 않으면 공을 잡고
가슴에 품는다. 위험이 너무 클
경우 주먹으로 쳐낸다. 항상
공이 도착하는 방향 반대편으로
공을 쳐내야 하는 점을 주의해야
한다.

전진한 다음 다이빙해서

공을 잡았다!

전진해서 슬라이딩하기

공을 갖고 있는 공격수를 막기 위해 상대방이
오는 코스 반대편으로 측면 다이빙한다. 파울
없이 공을 잡았고, 상대방은 쓰러져서 페널티를
받을 이유를 찾고 있다. 공을 잡기 전에 슈팅을
했을 경우 각도를 잘 좁혔다면 다이빙한 몸이
보루 역할을 할 것이다.

경기를 잘 읽기

상대방과 동료의 위치를 잘 연구해서 공을
센터링하거나 깊숙하게 공을 보내는 상대방 발에서
공이 떠나자마자 반응해야 한다. 또한 공의 룰과 높이를
잘 이해하고 빨리 반응해서 머뭇거리거나 전진했을 때
물러서지 않아야 한다.

공중으로 전진

수많은 골키퍼들이 공중볼이 왔을 때 골대를 떠나기 주저한다는
사실을 확인할 것이다. 하지만 골키퍼가 자신의 진영을 벗어날
경우 막을 수 있는 공 또한 많다.

스로인과 골킥

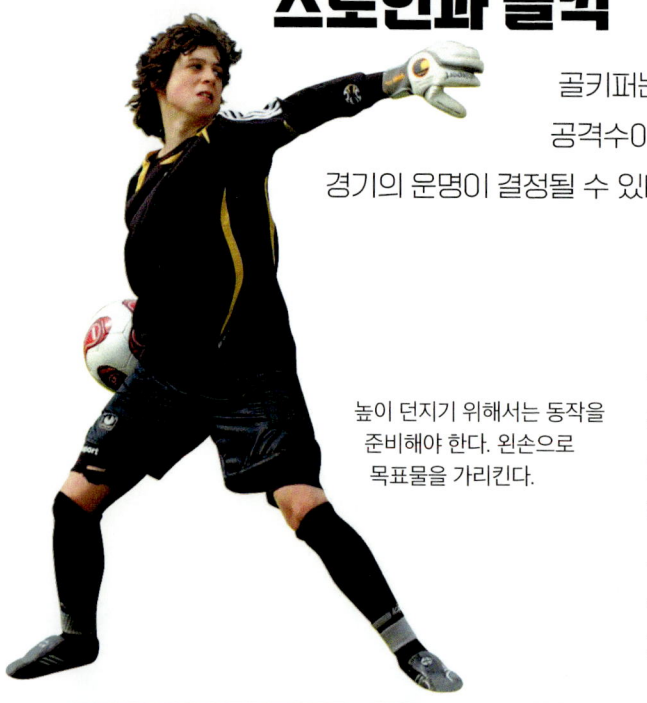

골키퍼는 팀의 마지막 수비수이자 또한 첫 번째 공격수이다. 얼마나 스로인과 골킥을 잘하냐에 따라 경기의 운명이 결정될 수 있다.

높이 던지기 위해서는 동작을 준비해야 한다. 왼손으로 목표물을 가리킨다.

높이 던지기

왼손을 들고 공을 던질 방향을 가리킨다. 몸은 뒤로 기울어진다. 무게 중심은 오른쪽 다리에 있다. 오른팔은 뒤로 뻗는다. 이때 공이 뒤로 빠지지 않게 조심한다! 동시에 왼손은 내리고 오른팔은 마치 투석기처럼 작동하며, 체중이 왼쪽 다리에서 앞으로 기운다. 오른손으로 아치를 그리고 공이 어깨 축을 가로지르자마자 던진다.

낮게 던지기

높이 던지는 동작과 약간 비슷하다. 오른손으로 팔뚝에 기대어 공을 잡고 손바닥은 아래쪽으로 향한다. 이번에는 공이 앞에 나와 있는 왼쪽 다리까지 왔을 때 공을 던진다.

팔이 몸과 수직이 될 때 공을 힘껏 던진다.

발로 차기

또 다른 수비수로 활동하는 골키퍼는 강하고 정확한 킥을 한다. 또한 블로킹을 피하기 위해 방향전환하는 기술을 잘 마스터해야 한다.

정확도를 높이려면 가능한 한 공을 끝까지 잡고 있어야 한다.

공을 띄워서 골킥 하기

기술이나 선호도에 따라 발리슛이나 하프발리슛으로 골킥을 한다. 두 경우 모두, 공을 놓는 순간까지 공을 손으로 잡고 있다.

1. 오른쪽 다리는 몸 뒤로 움직인다. 왼팔은 시계추 역할을 한다.

2. 공의 궤도를 올리기 위해 킥을 하는 순간 왼팔이 몸 앞에서 스윙한다. 지탱하는 발은 땅 위에 단단히 고정되어 있다.

골킥

골 에어리어 위에 공이 놓여 있다. 힘껏 추진력을 쌓고 공을 향해 슈팅을 한다. 공의 방향을 잘 이끌어 가려면 슈팅을 한 발이 끝까지 공을 따라가야 한다.

위로 궤도를 주기 위해서 지탱하는 발을 공 뒤에 놓고, 발등 끝으로 공 아래쪽 부분을 찬다.

공 다루기

다음은 기술과 반사 신경, 그리고 공을 마스터하는 법을 향상시키는 훈련이다. 또한 장애물을 피하는 법도 배울 수 있다.

공 접촉 유지하기

· 선수 1명
· 공 1개

1. 앞과 뒤, 옆에서 공을 리바운드 한다.

2. 공이 가장 높이 튕겨 올라왔을 때, 삼각형 모양의 손으로 공을 잡는다. 무엇보다 공이 빠져나가지 않도록 주의한다.

170

땅에서 공 마스터하기

· 선수 1명
· 공 1개

1. 다리 사이에서 공을 굴린다.
앞으로, 뒤로 굴리고 왼발,
오른발을 사용한다.

2. 그런 다음 바로 다이빙해서 땅에 있는
공을 잡는다.

장애물을 돌면서 공을 잡기

· 선수 2명
· 공 1개
· 핀 또는 콘 6개

1. 사이드 스텝으로
장애물 사이를
뛰어간다. 오른쪽으로
갔다가 왼쪽으로 간다.

2. 친구는 가슴 높이, 얼굴 높이,
머리 위로 공을 보낸다.

3. 두 팔꿈치를 몸에 붙이고 '삼각형'
모양으로 공을 잡고 두 팔을 힘껏 뻗어서
다시 공을 보낸다.

공이 가슴 높이에 도달한다.

반사 신경 향상시키기

두 명의 선수와 공 하나가 필요하다.

1. 친구를 향해 돌아서고 친구는 3m 간격으로 서있는다.

2. 신호가 울리면 친구는 여러 높이에서 내 쪽으로 공을 보낸다.

3. 몸을 돌려 공의 방향을 알아챈 뒤 공을 잡고 가슴으로 가져간다. 이때 지탱하는 힘에 주의해야 한다.

조언

다리를 반쯤 구부린 상태에서 대기하는 자세로 발 끝을 약간 세워야 한다.

172

짧게 이동한 후에 공 받기

이 훈련을 위해서는 공 하나면 충분하다.
혼자서도 연습할 수 있다!

1. 2m 높이로 공을 던진다.

2. 웅크리고 일어나고 뛰고 공 밑으로 지나간 다음,
다시 돌아와서 가슴 높이에서 공을 잡아 가슴으로
가져온다.

예측 불가능한 위치에서 공 받기

이 게임은 잔디나 모래같이 부드러운 땅에서
해야 한다.

1. 앞 게임처럼 앞으로 공을 던진다.

2. 앞구르기를 한 다음, 일어나서 가슴 높이에서 공을
받는다.

오른쪽 무릎과 왼쪽 발꿈치로 팔 뒤 공간을 닫았다.

움직이면서 공 잡기

이 게임을 할 때에는 항상 움직임을 유지하고 공에 잘 반응해야 한다. 공을 잡고 움직이는 법을 배울 수 있다.

공받기 훈련

움직이면서 가슴으로 공을 잘 받는 것이 이 훈련 포인트이다.

진짜 필요할 때만 다이빙한다.

- 선수 1명
- 공 1개
- 벽

1. 벽의 중간 높이로 공을 찬다.

2. 슈팅을 하고 난 뒤, 공이 다시 돌아올 방향을 잘 이해해서 가슴 높이에서 공을 받을 수 있도록 옆으로 움직인다.

3. 공을 차자마자, 공 방향을 주의 깊게 본다.

확실하게 공 받기!

목표: 안전하게 공을 잡고, 빨리 일어나서 균형을
잡고 앞으로 나가는 연습을 한다.

- 선수 2명
- 공 1개
- 부드러운 바닥의 경기장

1. 친구가 3m 앞에 선다. 손으로 나에게
가슴 높이로 공을 던져준다.

2. 가슴으로 공을 막고, 앞으로 다이빙 하면서 안전하게 공을 잡는다.

3. 친구가 뒤로 물러나면 나는
앞으로 가면서 친구에게 다시
공을 던진다. 친구는 다시 나에게
공을 보낸다.

공중볼 마스터하기

펀칭을 하든, 공을 쳐내든, 공을 잡든, 공이
높이 떠 있을 때 상대방 머리가 공을 점령하는
것을 피하기 위해 공을 막아야 한다.

펀칭을 한 뒤에 착지를 잘 하고 균형을
잘 유지해야 한다.

높은 공 잡기

공 방향에 따라 앞뒤로 이동할 수 있지만,
점프해서 공을 잡아야 한다.

1. 벽에 대고 손으로 공을 높이 던진다. 공이 튕기는
길이를 조절하려면, 던지는 강도가 달라야 한다.

2. 그다음 가슴으로 공을 받아 잡는다.

수직 점프

이 훈련을 위해서는 주의 깊게 집중해야 한다. 두 명 선수와 큰 통나무 1개, 널빤지 1개, 망치 1개와 큰 송곳 2개가 필요하다.

1. 어른들 도움을 받아서 널빤지를 통나무에 못을 박아 도약판을 만든다.

2. 도약판에서 5m 떨어진 곳에서 도약을 한다. 빨리 달려서 높이 점프한다.

3. 친구가 던진 공을 높이 뛰어올라 잡는다.

4. 공을 가슴에 받아 안으며 땅에 착지한다. 공을 던지는 높이를 조절할 수 있다.

공이 가슴 안으로 잘 자리 잡고, 한 발씩 착지한다.

전진하면서 장애물을 어떻게 피할까?

좋은 골키퍼는 올바른 타이밍에 전진해야 하고, 어떤 상황에서든 골대로부터 공을 멀리 떨어뜨려야 한다.

공중에서 전진하기

- 선수 2명
- 공 1개 이상
- 말뚝 2개
- 콘 또는 핀 5개

1. 말뚝으로 만든 골대 앞에 5개 콘 또는 핀을 놓는다.

2. 친구는 골대 앞으로 발리슛으로 높게 공을 보낸다.

3. 이때 골키퍼는 전진하여 핀을 쓰러뜨리지 않고 점프하여 공을 잡는다. 핀은 정지 상태로 있는 상대팀 선수를 의미한다. 핀을 쓰러뜨리지 않으려면 경기장의 장애물을 고려하면서 공의 방향을 잘 관찰해야 한다.

공 쳐내기 수업

- 선수 2명
- 공 1개 이상
- 말뚝 2개
- 콘 1개

1. 친구는 골대 앞에서 약 10m 떨어진 곳에 서있는다.

2. 말뚝 근처로 공을 높이차기 시작한다.

3. 몸을 쭉 뻗어 공을 막는다. 공이 왼쪽으로 오면 왼쪽 다리를 뻗어 오른손으로 공을 쳐낸다.

4. 신호가 오면 친구가 로빙으로 공을 보내는 동안 손으로 콘을 터치한다.

5. 뒤로 물러서서 골대 위에서 공을 쳐낸다. 공이 왼쪽으로 살짝 온다면, 왼쪽 다리를 뻗어 오른 손으로 공을 쳐낸다. 몸을 젖힐 때 조심해야 한다. 오른쪽으로 공이 오면 반대로 한다.

공을 잡기 전에 몸을
반대쪽에 둔다.

땅에서 공 잡기

대부분의 공은 땅의 높이에서 움직인다. 내가 잘 움직일 수 있는 방향뿐만 아니라,
다이빙하기 꺼려 하는 방향을 파악하는 법을 배우자.

사이드 스텝, 캐치

이 훈련을 위해서는 공 2개와 2개의 콘
또는 말뚝이 필요하다.

1. 콘(또는 말뚝을 설치한다)을 3m 간격으로
세운다.

2. 친구는 6m 떨어진 곳에 서서 왼쪽과
오른쪽으로 번갈아가며 땅으로 공을 보낸다.

3. 사이드 스텝으로 측면으로 움직이면서
공을 잡는다. 이때 다이빙캐치를 하지 않고
무릎에 발꿈치를 대고 공을 잡는다. 공을
막으면 친구에게 손으로 공을 던지고 다시
측면으로 이동한다.

다이빙 훈련

2명의 선수와 공 2개, 1개의 받침대 또는 콘크리트 블록이 필요하다.

1. 친구가 받침대 위에 올라가서 십자가 모양으로 팔을 벌리고 양손에 공을 가지고 있다.

2. 2개의 공 중 하나를 떨어뜨릴 때, 그가 '오른쪽' 또는 '왼쪽'이라고 알려준다.

3. 땅에 바운드되기 전에 또는 땅에 바운드되는 순간 공을 잡아야 한다. 훈련을 더 어렵게 하려면, 공을 떨어뜨리는 순간 방향을 알려주지 않는 건 어떨까!

측면으로 이동하기 위한 3개의 기둥

훈련의 목표는 측면으로 다이빙을 하고, 공을 잡고 일어난 뒤, 다시 키커에게 공을 던지고 빨리 이동하는 것이다.

1. 훈련장에서 5m 떨어진 곳에 콘 또는 말뚝을 놓는다.

2. 친구는 10m 떨어져 서있고, 땅 높이로 공을 힘차게 찬다. 오른쪽이든 왼쪽이든, 콘 또는 말뚝에 최대한 가깝게 슈팅을 한다.

각도 줄이기

키커를 향해 앞으로 나가게 되면, 키커의 슈팅 각도를 줄이게 된다는 점을 기억하고 적절하게 각도를 줄이는 법을 배워보자.

마지막 순간에

이 훈련을 하기 위해서는 2명의 선수와 1개의 공, 2개의 말뚝과 4개의 콘 또는 핀이 필요하다.

1. 2개의 콘(A와 B)을 골대로부터 10m 앞에 놓는다. 나머지 2개의 콘(C와 D)을 골대와 더 가깝게 배치한다. 이 두 개도 10m 간격을 둔다.

2. 친구가 처음 2개의 콘 사이로 공을 몰고, 마지막 순간에 왼쪽이든 오른쪽이든 2개의 다른 콘 중 하나를 돌 것을 선택한다.

3. 콘을 넘어가면, 골대를 향해 슈팅을 해야 한다.

4. 친구가 어느 방향으로 갔는지 알 때까지 나는 자세를 잡고 있다. 방향을 알자마자, 각도를 좁히기 위해 전진하고, 슛을 막는다.

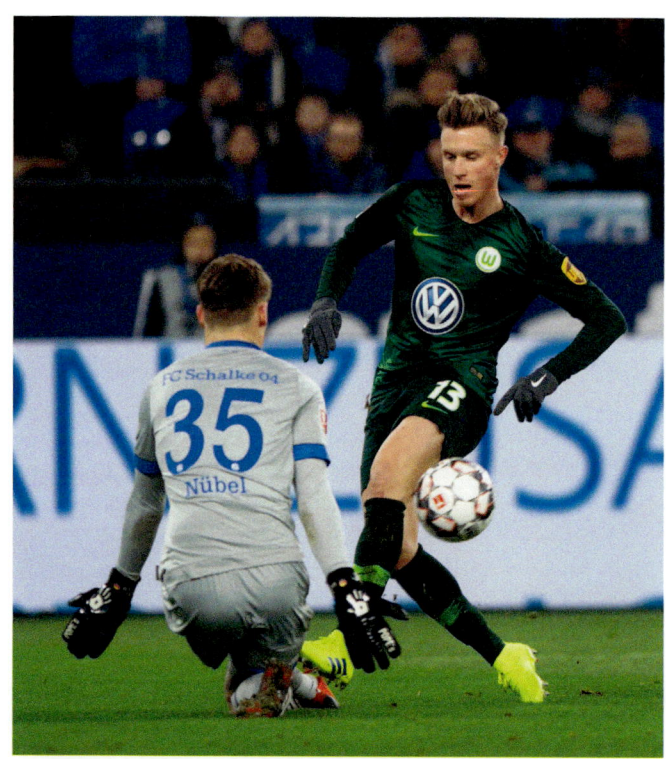

각도를 줄이기 위한 독일 골키퍼 알렉산더 뉘벨의 좋은 예

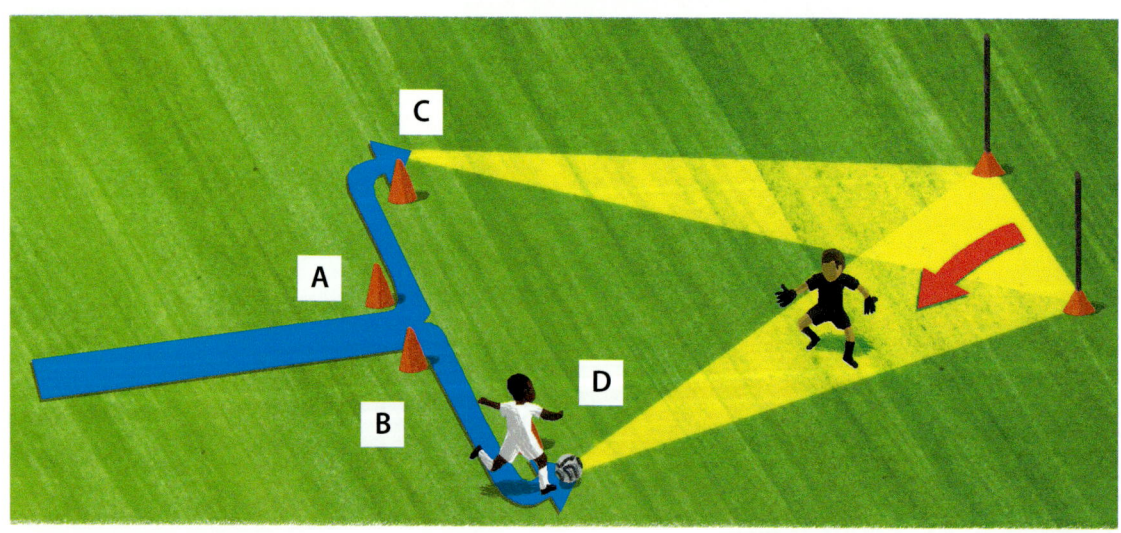

슬라이딩하기

각도를 줄여 슬라이딩을 하는 연습을 하고 싶다면, 다음의 연습처럼 쉬운 훈련은 없을 것이다. 2명의 선수, 공 1개, 2개의 말뚝과 4개의 콘 또는 핀이 필요하다.

1. 반대쪽 코너에 자리 잡는다.

2. 신호가 울리면, 친구는 처음 2개의 콘 사이로 공을 몰고 오면서 슬라럼을 한다.

3. 다른 2개의 콘이 있는 코스의 출구에서, 친구를 막아야 한다.

4. 공 궤도를 저지하면서 공을 향해 눕는다.

절대로 상대 발에서 눈을 떼지 않는다. 그리고 적절한 때에 행동한다.

공 던지기 훈련

골키퍼는 종종 페널티 에어리어에서 공격을 시작하는 첫 번째 공격수가 될 때가 있다. 따라서 골키퍼는 정확성과 적절한 힘을 가지고 공을 던져야 한다.

정확하게 조준하기

손으로 정확하게 조준하는 법을 연습하기 위해서, 친구들과 시합을 해보자. 10m 떨어져 있는 핀은 5점, 15m 떨어져 있는 핀은 10점, 20m 떨어져 있는 핀은 15점. 이렇게 각각 핀에 점수를 부여한다. 과연 누가 승자가 될까?

- 선수 1~2명
- 공 1개 이상
- 말뚝 2개
- 핀 또는 콘 6개

1. 골대 왼쪽과 오른쪽에 10m, 15m, 20m 거리에 핀을 배치한다.

2. 어떤 핀을 겨냥하는지 정확하게 말힌 다음, 핀을 맞춘다. 10m, 15m 거리에 있는 핀을 향해서, 아래로 공을 굴리거나 원호를 그리며 높이 던지는 등 손으로 공을 두 번 던진다. 20m 거리에 있는 핀을 향해서는 높이 던지기만 행한다.

정확도 연습하기!

친구들과 내기를 하며 발의 정확성을 길러 보자. 30m 떨어진 목표물을 맞출 때마다 5점, 목표물이 5m씩 멀어질 때마다 5점을 부여한다.

- 선수 2명
- 공 1개
- 말뚝 2개
- 핀 또는 콘 5개
- 큰 운동장

1. 골대로부터 30m 위치에 5개의 핀을 줄 세운다. 각각의 콘 사이에 4개(A, B, C, D) 간격을 만든다.

2. 각 목표물을 조준하고 공이 핀 사이로 떨어지도록 해야 한다. 발리슛, 하프발리슛(드롭킥), 땅으로 공차기 등 여러 가지 슈팅으로 공을 찬다.

3. 친구가 공을 다시 보내준다.

4. 그런 다음 4개 핀을 5m 뒤로 이동시켜 훈련을 다시 시작한다. 할 수 있는 최대한의 체력에 도달해도 뒤로 후퇴하지 않는다.

A B C D

방향 전환과 골킥 동시에 연습하기

이 훈련은 방향 전환과 골킥을 습득할 수 있는 훈련이다.

1. 골라인에서부터 5m 떨어진 곳에 4개의 콘을 일렬로 세운다.

2. 신호가 울리면, 골라인에서 20m 떨어진 친구는 중앙에 있는 핀 사이로 패스를 한다. 동시에 나는 가능한 한 빨리 공 앞으로 달린다.

3. 왼쪽 또는 오른쪽으로 방향을 컨트롤하고 왼발 또는 오른발로 정확하게 친구에게 다시 공을 보낸다.

방향 전환을 끝내고 긴 골킥을 한다.

- 선수 2명
- 공 1개
- 말뚝 2개
- 핀 또는 콘 4개

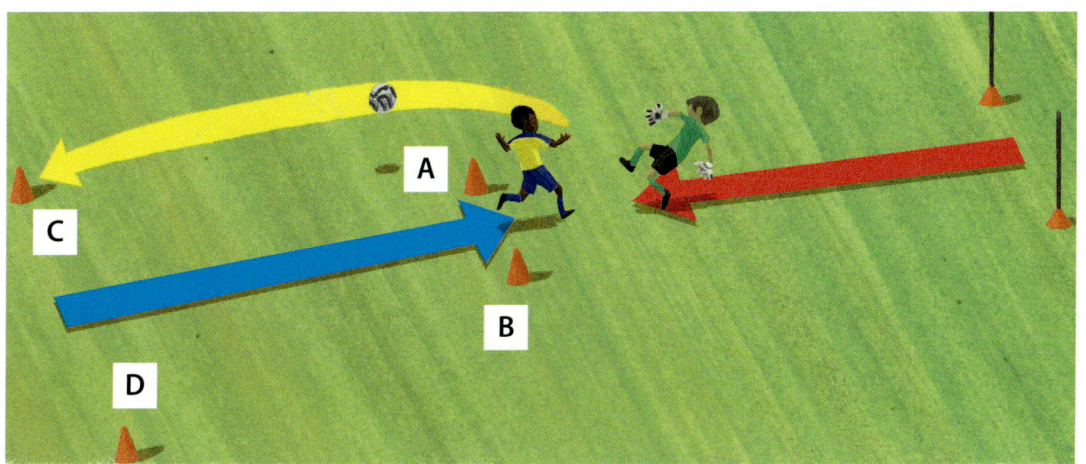

4. 골라인에서 10m 떨어진 곳에 서로 근접하게 2개의 콘(A, B)을 배치하고, 골라인에 20m 떨어진 곳에 2개의 콘(C, D)을 멀리 떨어뜨려 놓는다.

5. 친구는 콘 C, D 사이로 패스를 보낸 뒤 계속해서 달린다.

6. 공이 도착하면, 나는 골라인에서부터 뛰어나온다. 친구가 도착하기 전에 내가 먼저 공을 잡아서 C, D 사이로 던진다.

툴루즈의 골키퍼 밥티스트 레이네가 파리의 무사 디아비를 제치고 있다.

대회에 나갈
준비가 되었나요?

훈련을 끝내는 의미로, 공 캐치와 페널티 대회를
열어보자.

캐치 연습

다음은 캐치 동작을 복습해보는 훈련이다. 이 훈련은 지칠 수
있기 때문에 조심해야 한다. 따라서 연속으로 슈팅을 한 뒤에
휴식을 취하거나 역할을 바꿔야 한다. 최소 2명의 선수와
공 4개, 말뚝 2개, 핀 또는 콘 6개가 필요하다.

완벽한 캐치

1. 친구는 골라인에서 10m, 15m, 20m의 거리에 각각
놓여 있는 콘 사이에 자리 잡는다. 콘 사이의 간격은
매우 넓다. 4개의 공은 20m 거리에 있는 콘 사이에
놓는다.

2. 힘차게, 약하게, 높게, 중간 높이로, 땅으로,
오른쪽으로, 왼쪽으로 등등 선수가 원하는 대로
자유롭게 슈팅한다.

3. 공을 잡도록 시도한 뒤 다시 골대 중앙으로
돌아온다. 두 번째, 세 번째, 네 번째 슈팅 때도 똑같이
반복한다.

4. 20m에서의 훈련이 끝나면 15m, 10m 위치에서
연습한다. 대회를 시작하기 위해 친구들은 각각 15번씩
슈팅을 한다. 공을 잡을 때마다 5점이 부여된다. 프레임
밖으로 슈팅이 나가면 2점을 감점한다.

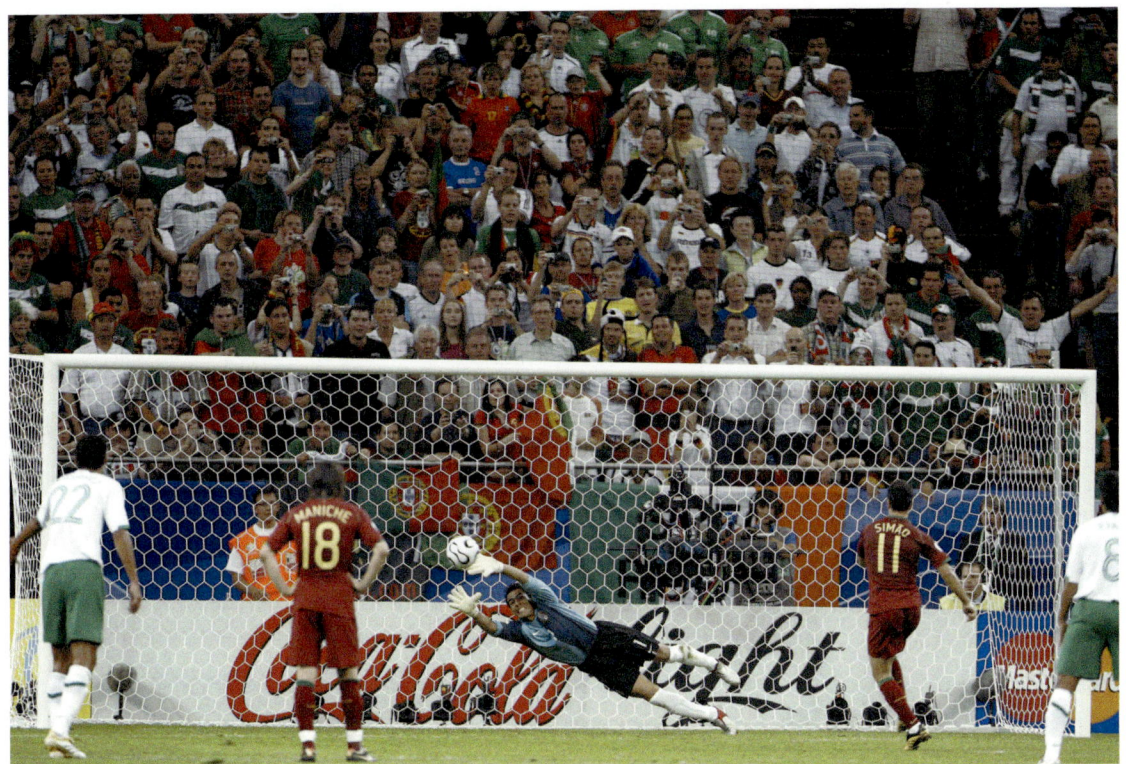

상대방을 잘 분석하고, 정확한 방향으로 다이빙한다. 그러면 골키퍼는 페널티킥을 막을 수 있다.

페널티 훈련

페널티킥 왕이 되고 싶은가? 그렇다면 세심하고 민첩하게 훈련해보자. 공 4개와 말뚝 2개가 필요하다.

먹이를 쫓는 독수리처럼

키커의 자세, 시선, 슛하기 전의 위치, 도움닫기 방법, 발의 위치, 슛할 때 발차기하는 각도를 잘 살펴보자. 무엇보다도 절대 공에서 눈을 떼면 안 된다.

1. 골대 폭을 5m로 유지하려면 페널티 마크를 8m 떨어진 곳에 배치한다.

2. 키커 태도를 구별하는 훈련을 한다. 키커가 어디를 보는지, 키커가 어디로 슈팅을 하는지, 킥 하는 발을 열었는지, 아니면 닫았는지? 키커가 얼마나 도약을 하는지? 페널티 킥을 차는 방법이 수 천 개가 되지는 않기 때문에 항상 이미 알고 있는 상황을 발견하게 된다. 골라인에서 움직일 수는 있지만, 슈팅을 하기 전에 앞으로 나가서는 안 된다는 사실을 잊어서는 안 된다.

경기하고,
승리하고

경기를 이기기 위해서는 상대방이 넣은 골보다 더 많은 득점을 해야 한다. 득점하기 위해서는 공격 전술을 적용해야 한다. 또한 실점을 하지 않기 위해서는 수비 전술이 필요하다. 따라서 모든 선수들은 언제나 공격과 수비라는 임무를 지닌다.

끊임없는 변화

지난 50년 동안 기술은 거의 변하지 않았지만, 경기 규칙 수정, 선수 신체조건 향상, 코치진 전략은 축구를 변화시켰다.

항상 같은 기술?

각 세대들은 축구 기술이 변화한다고 생각한다. 그렇지 않다! 모든 동작들은 새롭게 생겨나고 그것을 따라 하고 반복한다.

항상 그리고 계속 연습하라

축구하기 좋은 조건을 타고났다 할지라도, 상대방을 놀라게 하면서 그라운드를 가로질러 득점을 하는 데 익숙하다고 하더라도, 자신을 돌아보거나 발전할 수 있는 방향을 끊임없이 추구하지 않는다면, 위대한 선수가 될 수는 없다.

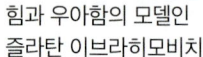

힘과 우아함의 모델인
즐라탄 이브라히모비치

선수들이 선호하는 동작

우수한 선수는 드물고 그들은 매우 선택받은 존재이다. 왜냐하면 타고난 체질과 신체가 필요하기 때문이다. 따라서 선수들은 자기가 선호하는 특별한 기술을 가지고 있다. 그리고 이 모든 자질을 결합한 뛰어난 선수들이 있다. 펠레, 크루이프, 플라티니, 마라도나, 지단, 호나우지뉴….

공을 보호하면서 공을 몰고 가는 디디

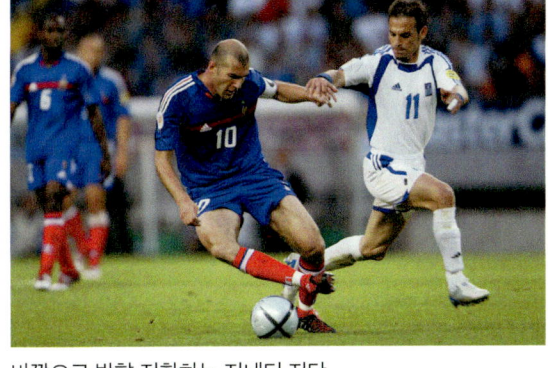

바깥으로 방향 전환하는 지네딘 지단

치고 달리기, 헨토 전매특허

장 피에르 파팽의 발리슛

미셸 플라티니의 막을 수 없는 프리킥

사뮈엘 에토 '바이시클 킥', 오버헤드킥

라미네 디아타 태클, 효율적인 수비

로돌프 로슈의 전진 방어

변화하는 규칙

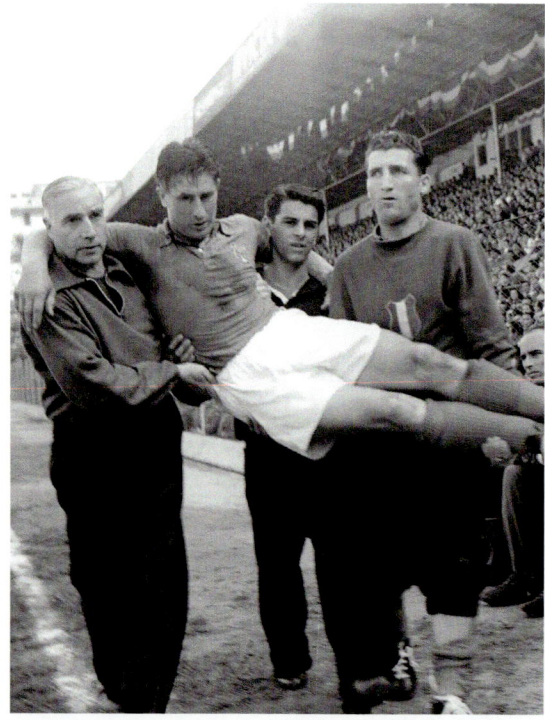

1951년 프랑스와 이탈리아의 경기에서 부상당한 프랑스 선수 장 바라트가 그라운드 밖으로 옮겨지고 있다. 그는 교체되지 않았다.

비록 축구 규칙은 거의 수정되지는 않았지만, 공격 효율성, 상대팀을 존중하는 방법, 관객을 만족시키는 방법을 찾아가며 축구 규칙은 올바른 방향으로 변화해왔다.

교체하기

1958년 이전까지, 부상 선수를 교체하는 일은 금지되었다. 이러한 상황에서 어떻게 전략을 세울 수 있을까? 수적으로 열세인 팀이 책임은 지지 않으면서 왜 불이익을 받아야 할까? 따라서 부상당한 선수를 교체할 수 있는 규칙은 경기 과정을 크게 바꾸었다.

임시 교체

럭비에서와 같이 부상당한 선수에 대한 임시 교체를 생각해 볼 수 있다. 유소년 카테고리에서 적용되는 대체 규칙을 성인용 축구에서도 적용해보거나 감독의 재량에 따라 임시로 선수를 대체해보는 건 어떨까?

퇴장

폭력적인 파울이나 경기를 방해하는 행동을 한 선수에 대한 벌칙이 매우 강경해졌다. 따라서 경기 중 2~3명 선수가 옐로카드를 받은 팀은 태도를 개선해야 한다. 심각한 파울을 저질러서 번번이 레드카드를 받은 선수는 경기 과정을 바꿔버린다. 파울을 한 선수 팀이 벌칙을 받는 것은 정상이다.

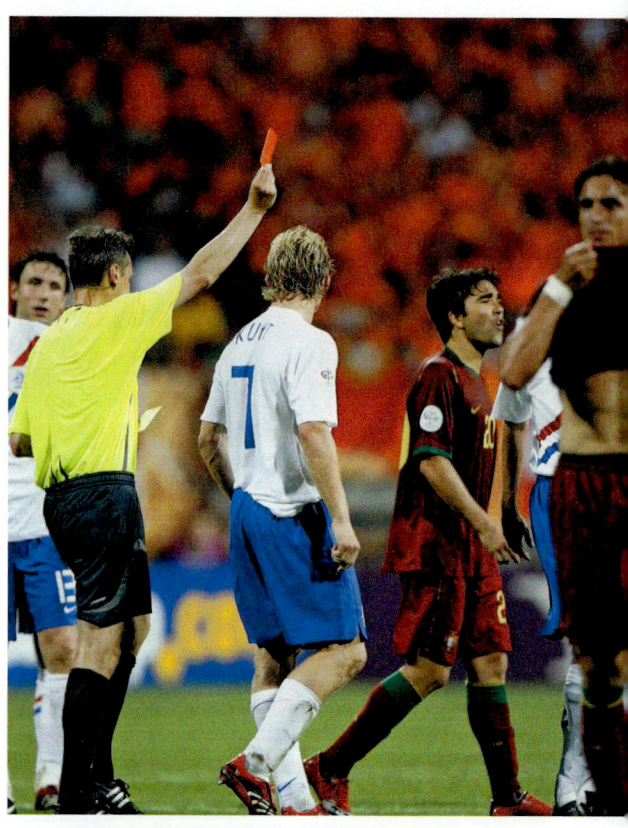

선수가 퇴장한 팀은 수적으로 열세를 안고 경기를 하게 되고, 전략을 다시 재구성해야 한다.

오프사이드

지속적으로 변화된 오프사이드 규칙은 공격 전술을 크게 변화시켜 공격을 전개할 수 있는 더 많은 기회를 제공했다.

1. 과거에는 상대 골라인과 3명의 수비수(골키퍼 포함) 사이에 있는 선수가 오프사이드였다.

2. 그 후, 그 선수가 상대 골라인에서 2명의 수비수 사이에 있으면 오프사이드였다.

3. 세 번째로, 그 선수가 끝에서 두 번째에 있는 수비수와 같은 라인에 있다면 마찬가지로 오프사이드 포지션이었다.

4. 게임 액션을 취하지 않는, 끝에서 두 번째 있는 수비수와 같은 라인에 있는 선수는 더 이상 오프사이드가 아니다.

골키퍼에게 하는 백패스

1992년 이전에는 수비수가 골키퍼에게 발로 패스하면, 골키퍼가 공을 손으로 잡을 수 있었다. 오늘날에는 발로 하는 백패스나 스로인한 공을 더 이상 손으로 잡을 수 없다.

골키퍼의 시간과 코스

골키퍼는 손으로 6초 이상 공을 잡고 있을 수 없다. 반면에 그는 이 경과된 시간 동안 페널티 에어리어에서 손으로 공을 잡고 움직일 수 있다.

미카엘 랑드로는 같은 팀 동료인 실뱅 아르망이 보낸 헤더 패스를 손으로 잡을 수 있다.

선수들은 거의 매일 훈련을 하고 훈련은 매우 엄격하다.

진화하는 체력

프로 정신, 영양, 의학, 훈련 및 심리학은 이전에는 달성할 수 없었던 축구 선수의 자질과 기록을 가능하게 하면서 전략을 바꾸는 데 도움을 주었다.

매일 훈련

매일 훈련은 과도한 피로를 피하기 위해 몸을 관리해야 하는 선수들에게 최적의 신체 상태를 가져다준다. 근육을 부드럽게 하는 스트레칭과 신체의 휴식과 경기 중 쌓인 독을 제거하기 위한 일은 축구 선수 능력을 향상시키기 위해 새롭게 요구되는 사항이다.

메디컬 모니터링

팀 닥터는 신체적 결핍과 이를 극복하기 위한 해결책을 결정하기 위한 모든 방법을 강구한다. 선수들은 정기적으로 근육 테스트, 심전도 테스트, 식이요법 검사를 받는다.

심리적 컨디션 조절

많은 클럽들이 심리학자를 활용한다. 어려운 시기에 사기를 잃지 않거나 과도한 자신감을 피하기 위한 목적이다.

식단

프로 축구 선수는 식단을 조절해야 한다. 전문가는 선수들의 식단을 모니터링하여 조언을 해준다. 이렇게 건강한 식단을 따르면서 선수들은 체력을 올리고 부상을 예방하며 기록을 향상시킬 수 있다.

국가 간 경기

국가 간 또는 다른 국가의 클럽 간 경기도 전술 훈련 일부이다. 다른 스타일 팀을 만나게 되면 완전히 다르게 생각해 볼 계기가 된다. 이 사진에서 우리는 2개 대륙, 2개 국가, 그리고 2가지 다른 피부색이 만난 경기를 보게 된다. 바로 폴란드와 세네갈 경기이다.

감독 전술

감독은 그가 훈련하는 팀의 수준에 맞는 자격증을 갖추어야 한다. 각 축구 연맹에는 엄격한 시험을 통한 특별한 교육 과정이 있다. 과정을 이수한 감독은 매일의 훈련에 적용할 수 있는 기술과 전략, 규정 및 의학 지식을 습득하게 된다. 그는 변화를 가져올 최소한의 것을 찾기 위해 끊임없이 연구하고 새로운 것을 도입한다.

없어서는 안 되는 도구

비디오를 통해 상대팀의 경기 스타일을 연구할 뿐만 아니라, 우리 팀 경기를 분석하고 전략 실수를 찾아 개선한다. 여전히 널리 사용되고 있는 칠판은 전술 연구에 있어 없어서는 안 될 비디오의 단짝이다.

축구계에서 존경받는 지도자인 아르센 벵거

기본 전술

축구의 한 팀은 그라운드에서 뛰는 11명 선수와 그리고 팀 승리를 이끄는 공동의 전략에 참여하는 여러 명의 교체 선수로 구성된다.

킥오프 직후, 앞에 위치한 하얀 팀이 여전히 원래 포지션에 자리 잡고 있다.

초반 포지션

그라운드에서 뛰는 11명 선수는 각각 공격수, 미드필더, 그리고 수비수의 포지션에 자리 잡는다. 오늘날 축구에서는 모든 선수들이 수비와 공격 방법을 알아야 한다. 팀이 좀 더 공격적인 전략을 채택하는지, 또는 좀 더 방어적인 전략을 채택하는지에 따라 초반 포지션이 달라진다.

골키퍼가 페널티 에어리어로 이동한다. 골라인을 지켜야 할 뿐만 아니라 골키퍼는 팀의 첫 번째 공격수로 등장한다. 그의 포지셔닝, 예지력, 시선, 발과 손의 정확성으로 좀 더 효과적인 공격을 시작할 수 있다.

공격 축을 막는 책임이 있는 **센터백**은 상호 보완성과 탁월한 위치 선정이 필요하다. 또한 그들은 머리를 잘 활용하고, 스로인을 던질 때 통찰력을 갖고 있어야 한다. 종종 상대에게 직접 빼앗긴 경우, 2명 중 한 명이 전체 수비를 커버할 가능성이 더 높다. 그뿐만 아니라 센터백은 코너킥이나 프리킥을 찰 때 '뛰어오르라'는 요청을 받는다. 그들의 헤더가 매우 도움이 될 수 있기 때문이다.

풀백은 윙에서 상대팀 공격을 차단할 뿐만 아니라 양 사이드에서 공격을 행하기도 한다. 그들의 임무는 자신의 진영에서 공격을 차단하고, 센터백을 '보호'하는 것이다. 풀백은 공격 전략에 적극적으로 참여하면서 점차적으로 전통적인 윙어를 교체하였다.

미드필더는 공격수와 수비수 사이를 이동한다. 하지만 그렇게 간단하지만은 않다. 미드필더 중 일부는 더 수비수에 가까운 역할을 하고, 다른 일부는 더 공격적인 역할을 하기에 수비와 공격 모두를 잘 알아야 한다. 그들은 경기장을 넓게 뛰어다니고 수없이 공을 터치한다.

공격수를 향한 새로운 공격

왜 유니폼을 잡아당기는 일이 위험한 공격수를 막는 가장 효과적인 방법이 되었을까? 이전에는 수비수가 드리블하고 점프하고 달리는 것을 막기 위해 이러한 방법을 사용한 적이 전혀 없었다.

공격수는 일반적으로 2명이지만, 한 팀에서 공격수를 1명만 내세우는 일은 드문 일이 아니다. 좋은 테크니션이란, 공을 전달하는 선수에게 해결책을 제시하고 자신이 맞닥뜨리는 모든 기회를 예상한다. 공격수는 종종 수비수로부터 어려운 방어를 당하기도 한다.

전략

축구는 많은 전략을 만들어냈고 점점 더 수비를 중시하는 전략으로 변화하고 있다.

3명의 수비수, 2명의 미드필더, 5명의 공격수가 WM 포메이션으로 그라운드에 배치되어 있다. 수비수는 '풀백' 미드필더는 '하프백', 2명의 공격수는 '인사이드 포워드', 나머지 공격수는 2명의 윙어와 1명의 센터포워드라고 부른다. 1958년 세 번째 월드컵에서 프랑스가 WM 포메이션 전략을 사용했다.

1963년 인터밀란 감독이었던 엘레니오 에레라는 빠른 역습과 밀폐된 방어 전략을 번갈아 사용하는 강화된 수비 전술인 카테나치오(이탈리아에서 부르는 단어. 빗장이라는 뜻)를 개발하였다. 이 전술에서는 최후방에 1명의 수비수인 '리베로'를 두고 2명의 공격수만 사용한다.

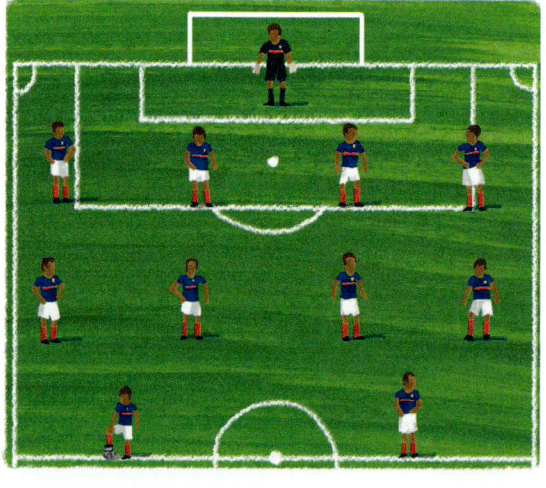

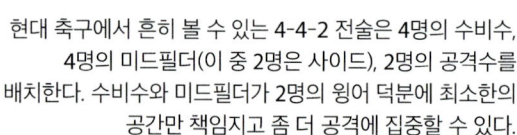

현대 축구에서 흔히 볼 수 있는 4-4-2 전술은 4명의 수비수, 4명의 미드필더(이 중 2명은 사이드), 2명의 공격수를 배치한다. 수비수와 미드필더가 2명의 윙어 덕분에 최소한의 공간만 책임지고 좀 더 공격에 집중할 수 있다.

4-3-1-2 전술은 2명의 공격수의 뒤와 3명의 미드필더 앞에 에이스를 배치한다. 1998년 프랑스 팀은 지네딘 지단을 2명의 공격수 뒤에서 활용하는 이 전략을 사용하였다.

2명의 공격형 미드필더 앞에 1명의 공격수만 배치한다. 4-3-2-1 전술은 스코어와 상대팀 전략에 따라 경기 중에 변경될 수 있다. 4-4-2나 4-5-1 전술로 쉽게 바뀐다.

유일한 공격수가 지구력이 있고, 수비수가 뒤에서 대기하거나 크로스를 받는 능숙한 선수일 때, 미드필더를 강화하는 이 전략은 효과적이다. 4-5-1 전술은 점수를 유지하는 데 그 목적이 있다.

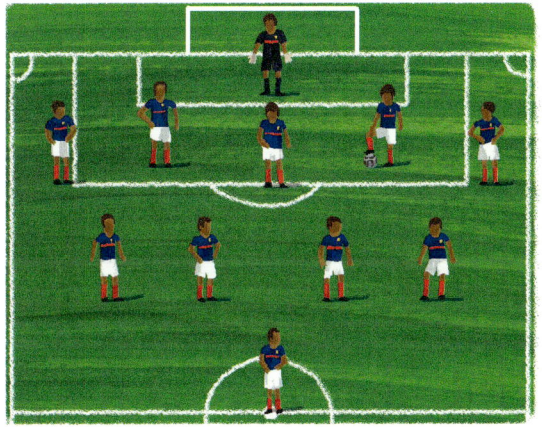

과감한 방어 전략인 5-4-1 전술은 3명의 중앙 수비수를 배치하여 수비의 목적을 분명히 한다. 3명 중 한 명은 나머지 2명 앞으로 이동할 수 있다. 결과를 지켜야 하거나 비겨야 할 상황에서 사용된다.

잘 준비했다. 그런데?

패배한 후 인터뷰하는 선수가 이렇게 답한 말을 종종 들은 적이 있을 것이다. '하지만 우리는 잘 준비했습니다.' 물론 전술은 중요하지만, 확실한 기술, 좋은 컨디션, 확고한 의지가 없으면 전술은 아무 소용이 없다.

끊임없는 변화

각 팀은 경기가 시작할 때 그라운드를 점령한 처음 전략을 사용한다. 그러나 경기 중에 발생하는 사건은 감독으로 하여금 전략을 수정하도록 만든다.

5인제, 7인제, 9인제 축구

5명이든, 7명이든, 9명이든 유소년 축구 역시 자신만의 전략을 가지고 있다.

여러분은 드리블을 하고 있다. 그라운드에서 여러분은 혼자가 아니다!

5인제 축구

2가지 포메이션이 있다.

1. A는 전술적으로 발전된 방법이다. 2명의 미드필더는 이미 확실한 기술을 갖고 있어야 하고, 그라운드 전체를 커버하는 수비수는 경기를 보는 좋은 시각을 갖고 있어야 한다.

2. B는 경기장을 4부분으로 나눈다. 2부분은 공격, 2부분은 수비를 위한 공간이다. 기술을 사용하는 데 여전히 자신이 없는 선수를 위한 포메이션이다.

7인제 축구

3가지 포메이션이 있다.

1. A 전략의 개별 기술은 단순하고 까다롭지 않다. 공격수는 끊임없이 경기장을 왕복한다. 수비할 때 공을 빼앗아 공격을 하고 수비수는 수비 라인과 공격 라인 사이에 너무 많은 공간을 두지 않도록 무조건 막아야 한다.

2. 공격적이고 역동적인 이 B 전략은 기술적으로 편안하고 자연스러운 힘에 근거한다. 사이드에 있는 선수들은 공격수를 돕는 흥미로운 역할을 하게 된다.

3. C 전략은 공격을 위해 미드필더를 충분히 사용한다. 사이드 선수 역할은 더 중요해진다. 공격수는 공간과 공간 사이를 끊임없이 찾아야 한다. 중앙 수비수는 팀의 진정한 주장이다.

9인제 축구

7인제 축구와 9인제 축구는 같은 그라운드를 이동하고 신체적 요건은 덜 까다로울 수 있지만 감독은 더 많은 전략과 더 세련된 전략을 발전시킬 수 있다.

1. 공격적인 방법인 A는 미드필더의 좋은 기술과 부지런한 활동의 결합을 필요로 한다. 또한 상대팀이 공을 갖고 있을 때, 공격수 역시 수비하는 데 노력을 기울여야 한다.

2. 이 포메이션에서 현대 축구인 11인제 축구와 가장 유사한 전략을 볼 수 있다. 더 많이 보강된 미드필더는 효과적인 수비를 하는 첫 번째 빗장이다. 공격수는 이동량이 많고 민첩해야 하며 그라운드 전체에 걸쳐 움직여야 한다.

코너킥할 때 더 엄격해지는 대인 방어

국방부

팀 승리를 위해 중요한 '국방부'는 모든 가용할 수 있는 인원을 사용한다. 따라서 모든 선수들이 방어해야 하는 책임을 가진다.

대인 방어

선수 한 명이 상대팀 선수 1명을 책임지고 마크하는 것이다. 그림자처럼 상대 선수를 따라다니며 그가 쉽게 움직이거나 공을 받지 못하도록 한다. 또 그가 공을 갖고 있을 때 공을 빼앗아야 한다. 이 수비 방법은 상대 선수가 수비 영역에 들어왔을 때만 적용된다.

지역 방어

이론적으로 그라운드를 구역별로 나누는 것을 말한다. 자신이 수비를 맡고 있는 지역에 상대방이 들어오면 그를 맡는 식이다. 이 방법은 미드필더에게 수비를 맡긴다. 가로채기, 차단 등에 유리하다.

혼합 수비

현대 축구에서는 스트라이커를 포함한 모든 선수가 수비를 해야 한다. 지역만 잘 막을 것이 아니라, 상대 공격수가 지나가는 경우 마크와 대인 방어가 바로 지역 방어를 대체할 수 있어야 한다.

빨간 유니폼을 입은 9번 공격수가 노란 유니폼 11번 선수 옆을 지나가서 노란 유니폼 8번 선수 구역으로 들어왔다. 빨간 유니폼 9번 선수는 노란 유니폼 8번 선수를 피할 방법을 찾는다. 노란 유니폼 7번 선수 구역으로 들어오는 순간 그는 다시 수비를 하러 온 노란 유니폼 11번 선수의 대인 방어에 막힌다.

미니게임

공을 패스하는 선수는 가까이에 있는 동료에게 패스한다. 계속 움직이면서 일부 선수는 상대를 잘못된 방향으로 리드하고, 다른 선수들은 공을 받을 준비를 한다. 간격을 만들어 그 안으로 돌진하고 라인을 더 밀어붙인다. 즉, 상대의 방어선을 체계적으로 물리치는 것이 포인트이다.

미니 원터치 볼 게임을 위한 전략은 다음과 같다.

1. 노란 유니폼 10번 선수가 공을 패스한다. 노란 유니폼 3번 선수는 라인을 따라서 콜을 하며 빨간 유니폼 2번을 움직이게 유도한다. 이것이 페인팅 기술이다!

2. 노란 유니폼 8번 선수는 같은 팀 10번 선수에게 패스를 한다. 그는 자신을 마크하는 빨간 유니폼 7번 선수의 마크에서 벗어난다.

3. 노란 유니폼 10번 선수는 그에게 공을 전달하고 그 사이에 '콜'을 한다. 노란 유니폼 8번 선수는 컨트롤하지 않고 그에게 다시 공을 패스하고, 대각선으로 계속 달린다. 빨간 유니폼 5번 선수는 잘못된 방향으로 가게 된다.

4. 노란 유니폼 6번 선수는 중앙선에서 콜을 하고 빨간 유니폼 3번 선수를 놀라게 한다. 노란 유니폼 10번 선수는 컨트롤하지 않고 그에게 공을 패스한다. 빨간 유니폼 4번 선수는 그것을 막을 시간이 없다.

롱패스로 공격 연습하기

공을 패스하는 선수는 멀리 있는 동료에게 패스한다. 가까운 곳에 있는 동료가 콜을 하는 행위는 페인팅이다. 공을 패스하는 선수는 힘과 정확성이 필요하다.

공격적인 롱볼 연습의 경우:

1. 노란 유니폼 10번 선수가 공을 패스한다. 같은 팀의 3번, 8번, 7번 선수가 공을 달라고 한다. 이들은 모두 페이크이다. 10번 선수는 뛰어가면서 빨간 유니폼 11번 선수를 추월한 멀리 있는 같은 팀 2번 선수에게 공을 보내기로 한다.

2. 중앙선에 있는 노란 유니폼 9번 선수가 콜을 하면서 빨간 유니폼 5번 수비수를 혼란스럽게 한다.

3. 노란 유니폼 2번 선수는 차례로 롱볼을 선택하고, 반대편에서 계속 뛰고 있는 같은 팀 3번 선수를 찾는다.

쇼트 패스와 롱 패스

축구에서는 항상 교대로 쇼트 패스와 롱볼을 사용하여 공격한다. 동료에게 정확한 패스를 해야 할 뿐만 아니라, 상대 선수가 효과적으로 수비할 수 없도록 해야 한다.

발 안쪽에서 시작하는 크리스티아누 호날두의 패스는 선물이다.

교대로 하는 패스는

노란 유니폼 6번 선수는 같은 팀 2번 선수(A)에게 롱 패스를 하고 계속 뛴다. 노란 유니폼 8번 선수는 빨간 유니폼 7번 선수의 마크를 따돌리고 같은 팀 2번 선수의 쇼트 패스(B)로 공을 받는다. 그는 방향을 바꿔서 '콜'을 하는 같은 팀 6번 선수에게 쇼트 패스(C)를 한다.

효과적인 공격을 만든다

빨간 유니폼 6번 선수에게 마크 당하는 노란 유니폼 6번 선수는 터치라인에서 콜을 하는 동료 11번에게 롱 패스(D)를 한다. 11번 선수는 상대의 마크에서 벗어난 동료 10번을 찾아 롱 패스(E)를 한다. 10번 선수는 빨간 유니폼 4번의 1대1 마크에서 벗어난 9번에게 쇼트 패스(F)를 한다.

세트피스 공격

현대 축구에서 득점의 3분의 1은 코너킥, 프리킥 또는 패널티킥으로 이루어집니다. 따라서 훈련할 때 상대 수비를 속이기 위한 전략에 매우 큰 강조를 두고 있습니다.

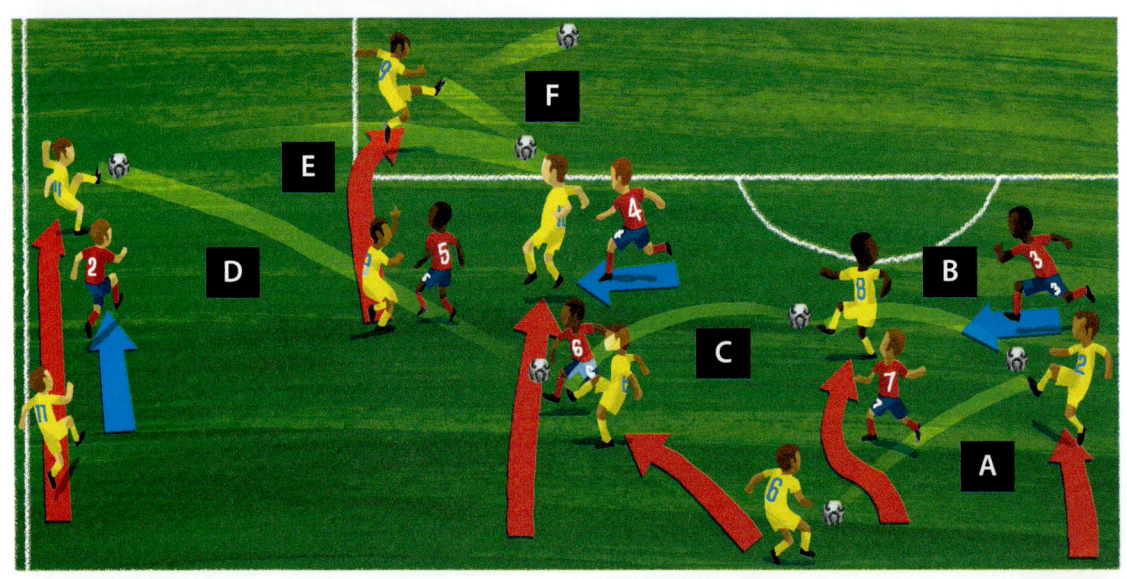

프리킥

노란색 팀이 간접 프리킥을 찰 준비를 한다. 빨간 팀 골키퍼는 벽의 위치를 잡고 수비수는 각각의 상대 선수를 밀착 마크한다. 노란 팀 공격수는 계속 움직이면서 빨간 팀 수비수를 혼란스럽게 만든다. 우리는 프리킥이 공격수 머리까지 닿기를 기대한다. 유일한 불확실성은 키커와 관련된다. 오른손잡이인 10번이 찰 것인가, 아니면 왼손잡이인 11번이 찰 것인가.

실제로는

11번 선수는 공을 차기 위해 돌진하지만, 실제로 그는 계속 왼쪽으로 뛰어간다. 수비수 벽은 헷갈리기 시작하고, 벽은 무너지며 왼쪽으로 이동한다. 공을 차서 11번에게 패스하고, 벽이 이동하여 생긴 공간으로 달리는 선수는 10번이다. 11번은 컨트롤 없이 10번에게 공을 다시 보내면, 수비수들은 그를 막을 시간이 없다. 그때, 노란색 팀 10번이 골대로 슛을 할 수 있다.

밀착 마크 저지하기

수비수를 포지션 밖으로 보내기 위해서, 밀착 마크를 사용한다. 종종 규칙의 한계에 부딪치기도 하고, 때때로 공격수가 점프하거나 득점할 수 있는 위치로 이동하는 것을 막기도 한다. 이러한 밀착 마크를 저지하고 수비(A)를 놀라게 하기 위해 공격수들은 페널티 에어리어 입구에 모여 있다. 코너에서 공이 출발할 때(B), 공격수는 마크에서 벗어나기 위해 '갑자기 튀어나와' 공을 받을 수 있는 위치로 자리 잡는다.

여러 가지 형태로 변화한 축구

축구는 실내에서, 해변에서, 화면 앞에서, 컴퓨터 앞에서 또는 게임 테이블 위에서도 할 수 있다. 축구는 사람들의 상상력을 불러일으키며 수많은 게임들을 파생시켰다.

풋살 경기장은 길이 38m, 폭 18m이고,
골대는 너비 3m, 높이 2m이다.

풋살

1930년 우루과이에서 처음 시작된 실내 축구인
풋살은 다양한 발전을 거듭했다. 이제는
전 세계에서, 그 자체로 완전하게 즐기는
스포츠가 되었다.

실내 스포츠

이름에서 볼 수 있듯이, 풋살은 실내에서 하는
축구이다. 풋살이 실용적인 명백한 이유는, 핸드볼
경기장을 사용하기 때문이다. 풋살 팀은 4명의 선수와
1명의 골키퍼로 구성된다. 감독 전략에 따라 언제든지
경기에 들어가고 나갈 수 있는 6명의 교체 선수와
1명의 골키퍼가 있다.

경기 시간

경기는 20분씩 두 번 진행된다. 중간 쉬는 시간은 최대
15분이다. 각 경기마다 감독은 1분의 작전 타임을
요구할 수 있다. 주의할 점은 경기 시간이 유효하다는
것이다. 프리킥, 코너킥, 득점 등을 할 때 경기 시간이
잠시 중단된다.

유니폼

축구와 같은 유니폼을 입는다. 스파이크만
완전히 금지되어 있다. 예기치 않은 미끄럼을
방지하기 위한 발판이 있는 적당한 신발을
신으면 된다.

공

공은 가죽 또는 합성 소재로 되어 있다. 약간만
팽창되어 있고 바운드도 덜 된다. 축구공보다
더 작고 더 가벼운 풋살공 둘레는 62~64cm,
무게는 400~440g이다.

규칙

다음 몇 가지를 제외하고 축구와 유사한
규칙을 따른다. 스로인은 발로 이루어지고,
스로인(터치, 프리킥, 코너킥, 골킥⋯)에는 4초의
시간이 주어진다. 슬라이딩 태클은 금지된다.
오프사이드는 없다. 게임이 진행되는 동안에도
교체가 가능하다.

초보자를 위한 5인제 축구 게임과 동일한 기본 규칙

대회

많은 나라에서 풋살 리그를 찾아볼 수
있다. 특별히 남녀 월드컵, 유럽 풋살
챔피언스 리그와 같은 국가와 클럽 간
국제 대회가 있다.

풋살공은 지단의 발에서도 마법이 된다.

4명의 심판

주심, 그라운드에 있는 심판, 그라운드 가장자리에 있는
심판, 시간 기록원이 있다. 직접 프리킥으로 이어지는
모든 파울은 누적된다. 6번째 파울을 범한 팀은 벽을
세울 수 없기 때문에 상대팀 키커가 좀 더 쉽게 공을 찰
수 있다.

완벽한 신체 조건

풋살은 지구력과 탄력성이 필요하다. 또한 속도와
순발력은 기본이다. 공을 갖고 있지 않든 공을
갖고 있든 계속해서 몸을 움직여야 한다.

킥오프 하기 전 일렬로 서 있는 12명 선수

조키볼

이 스포츠는 2명의 선수로 구성된 2개의
팀이 경기하며 축구와 스쿼시, 당구가 섞인
스포츠이다. 밀폐된 공간에서 경기하며
강한 체력이 필요하다.

최신 스포츠

질 파니에가 만든 조키볼은 취미생활에서 1990년에 스포츠로
인정받았다. 조키볼은 모든 접촉이 금지되어 있고 상대방에 대한
존중과 페어플레이가 요구된다. 개개인의 훌륭한 기술과 함께 강한 체력이
필요하다. 안전유리와 하얀 판으로
둘러싸인 경기장은 그물로 덮여 있고,
10m × 5m로 작은 사이즈이다. 땅은
인조 잔디로 덮여 있다. 각 팀에는 한
명의 수비수와 한 명의 공격수가 있다.
각 세트마다 진영을 바꾼다.

공

지름 14cm, 무게
250g의 작은
사이즈 공을
사용하며 재질은
펠트 모직으로
거의 바운드되지
않는다.

주의할 점!

누군가 무릎을 꿇으면
경기가 중단되고,
상대팀에 프리킥을 준다.

이 작고 밀폐된
공간에서 경기를 하면 숨이
가빠지고 반사 신경이 요구되며
지구력이 필요하다.

경기

그랜드 슬램 테니스 토너먼트와 같이 3세트를 승리해야 한다. 각 세트에서 7점을 따야 하며, 5번째 세트가 진행되면 2골 이상의 차이로 경기를 끝내야 한다.

특별한 규칙

수비수는 공격수를 막을 책임이 있다. 상대방의 페널티 라인을 넘어서 공을 몰아가거나, 공 없이 중앙선을 통과할 수도 없다. 공격수의 경우, 경기장의 벽과 경기장을 덮고 있는 그물을 이용하여 골을 넣어야 할 책임이 있다. 그러나 상대팀의 골대 앞 진영을 넘어서는 안 된다. 공격수가 프리킥과 페널티 킥을 차고, 골을 넣은 팀이 경기를 재개한다.

조키볼은 공격과 수비가 경쟁하며 활발히 이루어지는 스피디한 스포츠이다.

여러 대회

조키볼은 프랑스, 이탈리아, 스페인, 포르투갈, 그리고 멕시코에 소개되었다. 프랑스에서는 여러 국가 및 지역 리그와 대회가 열린다. 이 대회에는 13세 미만부터 40세가 넘는 성인, 청소년까지 모든 연령이 참여할 수 있다.

강화유리 벽 뒤에서 수비수는 자신의 진영 중 녹색으로 되어 있는 지역을 떠나기 전에 동료에게 공을 패스해야 한다.

비치사커

브라질에서 시작된 비치사커는 해변뿐만 아니라 도시에서도 경기할 수 있을 만큼 빠르게 전 세계를 정복했다.

알프스 인공 경기장에서 열린 비치사커 경기. 경기장은 길이 37m, 폭 28m이고 골대는 폭 5.50m, 높이 2.20m이다.

발가락 조심

한 팀은 4명의 선수와 1명의 골키퍼로 구성되어 있다. 5명의 선수가 교체 가능하다. 선수는 언제든지 교체가 가능하다. 경기장에 들어가는 선수는 그와 교체하는 선수의 번호를 머리 위로 흔들어야 한다. 선수들은 저지와 반바지만 입는다. 신발은 금지되고 발목 보조기만 허용된다. 즉, 맨발로 경기해야 한다! 발끝으로 공을 차는 것을 조심해야 한다. 그렇지 않으면 발가락을 다칠지도 모른다.

축구공보다 덜 팽팽한 공

축구공과 거의 비슷한 소재, 크기와 무게를 가지고 있는 비치사커 공은 축구공보다 훨씬 덜 바운드된다.

3피리어드

경기는 총 36분으로 각각 12분씩 3피리어드에 걸쳐 진행된다. 각 피리어드 사이에 있는 3분 동안 진영을 바꾼다. 정규 시간 동안 동점일 경우 연장전 3분이 추가된다. 연장전에서도 동점일 경우 승부차기가 이루어진다. 승부차기 원칙은 서든데스 방식이 지배적이다. 즉, 같은 수의 슛을 했을 때 다른 팀보다 1골을 더 많이 넣은 팀이 승리한다.

킥오프를 시작하기 전, 선수들과 코치

특별한 기술

공이 거의 굴러가지 않고, 발은 모래 속에 빠지기 때문에 비치사커는 공중에서 공을 잘 마스터하는 기술과 완전한 체력이 요구된다. 모래 위를 달리는 일이 피곤한 일임을 이미 알고 있을 것이다.

부드러운 모래에서 경기하는 것은 숙달된 기술과 완전한 체력을 필요로 한다.

프리킥

파울을 당하면 파울을 당한 정확한 지점에서 프리킥을 찬다. 모든 프리킥은 직접적으로 슛을 할 수 있다. 페널티 에어리어에서 파울을 범하면, 파울을 당한 사람이 페널티 킥을 찬다.

프리킥 키커가 공을 놓을 모래 언덕을 만들었다.

월드컵

비치사커에도 월드컵이 있다. 예선을 통과한 12개 팀은 각 3팀씩 4조로 나뉜다. 그중 1, 2위 팀이 8강전에 진출하고 그 후 준결승과 결승전이 열린다.

3개의 카드

공식 대회에는 4명의 심판이 있다.
다음과 같은 경우 옐로카드를 받는다.
- 심판의 결정에 반론을 제기할 때
- 심각한 파울을 저질렀을 때
- 스포츠맨십을 위반했을 때
- 킥오프나 프리킥을 어겼을 때

다음과 같은 경우 블루카드를 받는다.
- 두 번째 옐로카드를 받을 때
- 상대방에게 고의로 파울을 범했을 때
- 교체하는 선수가 경기장을 나가기 전에 경기장에 들어갔을 때

블루 카드를 받은 선수는 교체되지 않고 2분간 퇴장이다.

다음과 같은 경우 레드카드를 받는다.
- 이미 블루카드를 받았을 때
- 심각한 파울이나 폭력 행위를 저질렀을 때
- 모욕이나 욕설을 사용했을 때

레드카드를 받은 선수는 완전히 경기장을 떠나야 하고 그 팀은 상대팀보다 적은 수로 경기를 해야 한다.

풋볼테니스

풋볼테니스는 테니스와 유사한 스포츠이지만 기술 숙련을 향상시킬 수 있는 훌륭한 축구 게임이다. 1대1, 2대2, 3대3으로 경기할 수 있다.

테니스, 아니면 축구?

풋볼테니스는 실외, 광장, 평평한 땅, 평평한 잔디밭, 테니스 코트, 또는 해변뿐만 아니라 모든 실내 스포츠 경기장에서도 연습할 수 있다. 경기는 2세트로 진행되고, 한 세트당 11점을 따는데 최소 2점 차로 승리해야 한다. 우리 팀이 잃어버린 점수는 상대방 스코어에 추가된다. 득점을 하기 위해 서브를 할 필요가 없다.

공

각 연령 카테고리에 맞는 공을 사용한다. 풋볼테니스 공은 일반 축구공보다 더 가볍고 더 탄력적일 수 있다.

경기하기

서비스 코트는 네트에서 6.4m 떨어진 선 안에 위치한다. 2대2, 3대3 경기를 할 때는 전체를 사용하고 1대1 경기(크로스 서브)를 할 때는 두 개로 나누어서 사용한다. 킥오프는 제비뽑기로 이루어진다. 서브는 베이스 라인 뒤에서 한다. 그다음 서브권은 점수를 딴 팀에게 주어진다. 2대2, 3대3 경기에서는 아무 선수나 서브를 할 수 있다.

풋볼테니스는 일반적으로 배구 또는 테니스 네트가 있는 배구 코트에서 진행된다.

단식 규칙

- 서브를 넣는 선수는 크로스 서브를 해야 한다. 점수가 짝수이면 오른쪽에서, 점수가 홀수이면 왼쪽에서 서브를 넣는다.
- 선수는 자신의 진영에서 공을 한 번 튕길 수 있다.
- 선수는 상대 진영에 공을 보내기 전에 공을 2번만 터치할 수 있다.

접촉하기

팔과 손을 제외하고 신체 모든 부분으로 공을 터치할 수 있다. 단식의 경우, 예를 들어 가슴으로 공을 컨트롤하고, 발로 공을 차는 것처럼 이중으로 공을 터치할 수 있다. 공을 터치하여 네트 위로 직접 보내거나 동료에게 패스를 할 수 있다. 팀전(2대2, 3대3)일 경우 팀당 최대 3번까지 터치할 수 있다.

스매싱은 스펙터클한 동작이다.

블로킹

팔과 손을 제외한 모든 신체 부위로 네트 위에서 공을 블로킹할 수 있다. 네트 위에서 두 선수가 동시에 공을 터치하고 공이 경기장 밖으로 나갔을 경우, 다시 경기를 시작한다. 공이 경기장 안에 있으면, 그 선수가 경기를 계속할 수 있다.

네트 위에서 이루어진 훌륭한 블로킹

파울

다음의 파울을 범했을 경우, 상대방에게 점수와 서브권을 준다.
- 그라운드 밖에 공이 떨어졌을 경우, 축구와 마찬가지로 라인은 그라운드 일부이다.
- 의도적이든 의도적이지 않든 선수가 네트를 건드렸을 때, 심지어 점수를 득점한 이후에도 네트를 터치했을 때
- 상대 선수를 터치했을 때
- 조준점 바깥을 지나 상대팀 진영으로 공이 되돌아왔을 때

크로스 서브

앞에서 말한 것처럼, 단식 경기에서는 크로스 서브를 넣어야 한다. 점수가 짝수이면 오른쪽에서, 점수가 홀수이면 왼쪽에서 서브를 한다. 2대2와 3대3 경기의 경우, 그라운드의 베이스 라인 뒤 아무 곳에서나 서브를 넣을 수 있다. 공은 네트 위를 넘겨야 하고, 상대팀 진영의 바닥에 닿아야 한다. 만약 공이 네트를 터치하고 정확하게 상대 진영 위에 떨어진다면, 경기는 계속된다. 하지만 공이 상대 진영 밖이나 그라운드 밖에 떨어졌을 경우, 또한 네트에 걸려 떨어졌을 경우 파울이 선언되고 점수를 잃게 된다.

테이블 풋볼

카페에서 주로 했던 게임인
테이블 풋볼은 게임 규칙, 대회,
그리고 챔피언까지 있는 명백한
스포츠가 되었다.

경기

테이블 풋볼에는 1대1(각 선수당
4개의 손잡이 사용)과 2대2(각 선수당
2개의 손잡이 사용) 경기가 있다. 2대2
경기에서는 포지션을 바꿀 수 있다.
경기에는 여러 라운드가 있고, 3라운드를 이겨야
경기를 이길 수 있다. 각 라운드에서는 5점을 따면
승리한다. 마지막에는 최소 2점 차로 이겨야 한다.
7점 내기 경기로 진행할 수도 있다(골 하나당 1점).

슛

테이블 풋볼에서는 공이 골대 뒤쪽을 치고 다시
경기장으로 튕겨 나올 만큼 강력한 골을 넣을 경우,
키커가 점수를 따고 서브는 상대팀에게 주어진다.
또한 윙어가 하는 슈팅이 있는데 몇몇 대회에서는
금지되어 있다. 열린 각도로 인해 골을 넣기 매우
쉽다고 판단되기 때문이다. 하프백이 넣은 골은
일반적으로 유효하지만 항상 그런 것은 아니다. 골이
유효하려면, 슛 전에 공이 움직여야 한다.

테이블 위의 작은 선수들

축구와 마찬가지로, 테이블 풋볼에는 11명
선수가 있다.
- 골키퍼 1명: 1번 바
- 풀백 2명: 2번 바
- 하프백 5명: 3번 바
- 공격수 3명: 4번 바

선수들의 발은 광택이 나야 하고 거칠지 않아야
한다. 공은 지름 35mm, 무게는 17g이며
코르크로 만들었다.

바와 손잡이

바는 직선이고 잘 움직여야 한다. 손잡이는 바를 연장한
것이다. 토너먼트의 경우, 선수는 바에 나사를 고정할 수
있는 자신의 손잡이를 사용할 수 있다.

컨트롤할 수 없는 공

공은 아무런 작동을 하지 않아도 움직일 수 있다. 선수의 발이 공에 닿을 수 없기 때문에, 공이 있는 진영 뒤쪽에서 공이 주어진다. 하프백 바의 중앙에 있는 선수 앞이나 옆에 공을 놓아야 한다. 경기 테이블에서 갑작스럽게 공이 나간 경우, 공이 나간 캠프의 뒤쪽에서 공이 주어진다.

룰렛

바를 완전히 돌리는 것(360도)을 말한다. 이 행위는 해석의 여지가 있는데 때로는 금지되고, 때로는 허용되기 때문이다. 허용되는 조건은 다음과 같다.

- 골키퍼, 풀백, 포워드가 있는 바를 돌릴 수는 있지만 하프백이 있는 바를 돌릴 수는 없다.
- 슛을 하기 위해서 룰렛을 할 수는 없다.
- 룰렛을 하기 전에 공을 막아야 한다.
- 먼저 공을 막지 않고 블로킹을 하기 위한 룰렛을 하는 것은 금지된다.

공격수 바 사이에 공을 놓는 것으로 경기를 시작할 수 있다.

페널티 킥

경기 중 어느 시점에서든지 경기 규칙을 위반했다고 심판이 판단할 경우, 페널티 킥을 부여할 수 있다. 중앙 공격수 발 옆 중앙에 공을 놓는다. 슛이 성공하면, 득점으로 인정된다.

센터 포워드가 차는 페널티 킥

테이블 풋볼 기술

실제 그라운드에서 하는 축구와
마찬가지로 블로킹, 페인팅, 패스, 숏
등과 같은 기본적인 동작을 개발했다.

베냉의 코토누 거리에서 방과 후에
테이블 풋볼을 즐기는 아이들

컨트롤

테이블 풋볼에는 두 가지의 컨트롤 기술이 있다. 첫 번째 컨트롤은
선수의 발아래에서 상대방의 골을 앞에서 막는 것이고 두 번째는
동일하게 골을 막지만 자신의 진영 뒤에서 막는 기술이다.

선수 뒤에서 공을 막는 기술

패스

테이블 축구는 단체 게임이다.
컨트롤하거나 컨트롤하지
않은 패스는 공격수에게 공을
패스하여 골대에 가까워지는
가장 좋은 방법이다.

공 몰기

선수의 발로 공을 막을 수
있고 오른쪽이나 왼쪽으로
공을 굴릴 수 있다.

거의 모든 게임 동작은 바를 밀거나 당기는 것으로 이루어진다. 밀고 당기는 것은 경기를
오래 할 수 있는 다양한 기술이다.

로빙

로빙을 하려면 풀백으로 공을 막고 공을 선수의 발로 올려서 손목을 힘차게 돌려서 공을 찬다. 또한 풀백으로 공을 세게 차면 상대 골대를 향해 공이 튀어 오른다.

공을 띄워서 상대팀 골대를 향해 찬다.

빨강 팀 풀백과 골키퍼는 슈팅 각도를 제대로 막지 못했다. 따라서 파랑 팀이 골을 득점할 수 있었다.

페인팅 기술

위장, 자발성, 속도는 테이블 풋볼 선수의 3가지 미덕이다. 페인팅 기술은 종종 결정적인 기술이 되고 상대방을 속일 수 있다. 상대 골키퍼가 예상하도록 만들기 위해 바를 왕복으로 움직이며 역방향으로 유도할 수 있다. 상대방의 주의를 분산시키기 위해, 다음과 같은 전략을 사용한다.

- 왼쪽 또는 오른쪽으로 한 번, 또는 여러 번 출발하는 척한다.
- 슛을 하기 전 공을 건드리지 않고 공을 돌린다.
- 슛을 하기 전에 허공에 대고 슛을 한다.
- 상대방의 발을 향해 허무하게 공이 굴러가는 걸 보지 않기 위해 나의 동작을 잘 마스터한다는 조건으로 페인팅 기술을 행한다.

골키퍼와 풀백

이들의 위치와 이들의 이동은 연관이 있다. 그들은 나란히 있지는 않고 슈팅 각도를 최대한으로 막기 위해 떨어져 있다.

수부테오

이 게임은 60년도 전에 발명되었고 30년 전부터
월드컵을 개최하고 있다.

어떻게 경기할까?

길이 90cm, 너비 35cm 게임 매트에서 1팀당 10명의 선수와 1명의 골키퍼, 총 11명의 선수가
경기한다. 각 선수들은 반구형의 받침대 위에 올라와 있다. 골키퍼는 손잡이가 달린 바 끝에 고정되어
있다. 골킥을 위한 골킥용 골키퍼도 있다.

손톱으로 튕겨서 선수를 전진시킨다.

공은 지름 2.2cm, 무게 1.5g이다.

매우 정확한 규칙

수부테오 규칙은 축구 규칙과 아주 유사하다.
경기는 전반, 후반 각 15분씩 진행되며 5분
쉬는 시간이 있다. 무승부로 끝나면 10분간
연장전이 있고 골든 골이 터지면 경기가 끝난다.
킥오프 전에 공격수는 선수들을 먼저 배치하고,
수비수도 선수들을 배치할 수 있다. 항상 교대로
경기한다. 오프사이드, 프리킥, 스로인뿐만
아니라 페널티 킥 규칙도 축구의 규칙을 따라
한다. 마지막으로 나의 행동과 선수들을 제어하는
행동 또한 규제된다.

제재

다음과 같은 파울을 했을 경우, 3가지 카드를
받을 수 있다.

- 규칙을 지속적으로 위반한 경우 옐로카드
- 이 규칙을 계속해서 위반하는 경우 오렌지카드
- 멈추지 않으면 레드카드. 이 경우 레드카드를
  받은 사람은 패배하게 되고 경기는 상대방에게
  넘어간다.

그라운드에서 뛰는 선수

골키퍼

보드게임하기

축구에 관한 보드게임 종류는 매우 다양하다. 기술 게임, 기억력 게임 또는 지식 게임과 같은 보드 게임은 남녀노소를 막론하고 즐길 수 있으며 축구를 하는 또 다른 재미를 선사한다.

Trivial Pursuit Football

Trivial Pursuit 게임에서 파생된 축구 버전은 플레이어들이 좋아하는 스포츠에 대한 지식을 겨루는 게임이다. 세계 축구, 프랑스 축구, 라커룸, 프랑스 축구 국가 대표팀, 페널티, 위대한 선수들이라는 6가지 카테고리가 있다. 두 개 주사위를 던지고 보드 위에서 말을 이동시킨다. 그리고 답해야 하는 질문의 카테고리를 정한다.

세계 축구

우선 선수들을 그리는 것부터 시작한다. 그다음으로 보드 위에서 경기를 조작하면서 주사위를 던진다. 선수들은 어두운 사각형 위에서 움직이고 공은 밝은 사각형 위에서 움직인다. 상대팀의 골대까지 공을 이동시켜야 득점을 할 수 있다.

Quiz Challenge Football

이 게임은 컴퓨터 게임으로 2,000개 문제를 푸는 게임이다. 가상 보드에서 상대방과 맞붙고 5개 카테고리 중에 제출되는 질문에 답한다. 더 빨리 앞으로 나갈 수 있는 권한('프리킥' 상자 안에서)을 얻을 수 있고, 경기가 끝날 때 2가지 질문에 연속으로 답을 하면 가장 먼저 골든 골을 넣을 수 있다.

1,2,3 골

이 게임은 공격과 수비를 하는 축구 게임이다. 게임은 공격, 드리블, 슛, 공격 속도 올리기, 수비, 골키퍼 개입하기, 제재하기, 코치하기를 할 수 있는 3가지 레벨의 78장 카드로 구성된다. 각 플레이어는 6장의 카드를 손에 쥔다. 주도권을 가진 팀은 카드를 보여줌으로써 공격을 시도한다. 상대팀은 자신의 차례에 공격하기 위해 경기 주도권을 되찾아오려고 한다.

Tipp Kick

매트와 2개 골대로 만들어진 이 게임은 1명의 선수, 1명의 골키퍼로 이루어진 2개의 피규어를 조종하며 친구와 대결한다. 피규어의 머리를 누르면 공을 차는 다리가 작동된다. 작용하는 압력에 따라 공의 힘과 궤도가 결정된다. 골키퍼는 2개의 버튼이 있는 상자에 연결되어 있다. 하나는 왼쪽으로, 또 다른 하나는 오른쪽으로 다이빙하는 버튼이다.

Ligretto

이 게임에서는 빨리 카드를 처분해야 하고, 빠른 반사 신경이 필요하다. 각 팀은 75장의 카드를 받고, 득점자가 나타날 때까지 카드에 있는 이름을 부르며 빠른 속도로 카드를 내려놓는다. 이름 양쪽에 2개의 공이 그려져 있어 쉽게 득점자 카드를 알아볼 수 있다. '골' 카드가 나오자마자, 그 팀은 1점을 받는다. 먼저 5점을 얻는 팀이 승리한다.

멀티미디어 게임

축구는 훌륭한 테크니션인 컨트롤러이자 뛰어난 전략가인 전 세계의 콘솔 게임 '팬들'로부터 가장 많이 즐기는 컴퓨터 게임이 되었다. 당신도 그중 한 명입니까?

선택하고 설정하기

친구와 함께 참가하고 싶은 대회를 선택하는 것으로 시작한다. 국제 또는 국내 경기, 친선 경기 또는 리그, 혹은 월드컵, 유럽, 아프리카, 아메리카 또는 아시아까지. 팀을 선택하고, 유니폼과 경기장을 선택한다. 그다음으로는 경기를 설정한다. 날씨, 그라운드, 실내 또는 실외, 공의 타입과 그 효과, 선수 부상 가능성, 경기 시간, 관객 숫자 심지어 관객 태도까지도!

정교한 동작

컨트롤러가 완벽하게 손에 익고 나면, 공중 패스, 로빙, 힐 패스, '패스 앤 고', 방향 컨트롤 등 다양한 기술을 선보일 수 있다.

기본적인 명령

왼손과 오른손 터치, 조이스틱은 공격 또는 수비 영역에서 드리블, 쇼트 패스, 롱 패스, 슛, 이동, 스프린트, 태클, 방어 등과 같은 정확한 기술 동작을 명령한다.

사전에 결정하는 전술

게임을 시작하기 전에 게임에 등록된 전술을 사용하거나 옵션을 선택함으로써 미리 전술을 결정할 수 있다. 공격에 중점을 둔 팀인지, 수비에 중점을 둘 것인지 결정하고 대인 방어와 지역 방어를 할 구역을 선택할 수 있다. 대인 방어를 선택하면, 상대방을 막을 선수 중 한 명을 지정할 수 있다. 정교한 테크니션 또는 거친 수비수와 같이 각 선수들의 성격 또한 정할 수가 있다.

온라인 리그

친구와 집에서 경기할 뿐만 아니라, 나와 같은 네티즌들과 함께 진짜 리그전을 경험할 수도 있다. 네티즌이 만든 '경기하기'에 입장하여 참여하면 된다. 매주 업데이트가 이루어지며 강등되었는지 진급했는지 알 수 있다. 국내 랭킹과 국제 랭킹 또한 알 수 있다.

여러 레벨로 컨트롤하기

- 게임에서 일어나는 모든 순간들을 내가 관리한다. 가장 많이 사용하는 방식이다.
- 컴퓨터로 컨트롤하는 선수와 함께 협력 모드로 게임한다.
- 나는 그라운드에서 선수를 컨트롤하고, 컴퓨터가 전술을 관리한다.
- 나는 코치의 역할을 맡고 컴퓨터가 선수들을 컨트롤한다. 또한 초보자, 프로, 국제 수준 등 게임의 레벨을 선택할 수도 있다. 경기를 시작하기 전에 준비운동을 시키고 패스와 드리블, 슛 등을 훈련할 수도 있다.

경기를 중단시키는 것들

선수의 동작이나 득점 장면을 느린 동작으로 다시 한번 보거나 부상자와 교체 선수, 추가시간을 관리하거나 연장전과 승부차기를 할 수 있다. 실제 축구 경기에서 일어나는 모든 것들이 콘솔 게임에서도 가능하다. 심지어 선수 체력을 점검하고 선수 피로도를 확인할 수도 있다.

슈퍼스타 디디에 드록바와 티에리 앙리가 콘솔 게임을 하고 있다.

내 친구
축구

유용한 정보

관련 분야의 직업

감독

잘 알고 잘 전달해야 한다

좋은 선생님은 무엇보다 축구 이론에 대해 잘 알고 있어야 하지만 아주 훌륭한 선수였을 필요는 없다. 오히려 더 잘 알고 더 잘 설명하기 위해 어느 정도의 수준만 갖추면 된다. 감독은 자신의 지식을 전달하고 증명해야 하고, 인내심과 확실함이 필요하지만 어림짐작을 받아들여서는 안 된다. 또한 감독은 직관적이고 상상력이 풍부해야 하며 현명해야 한다. 마지막으로 감독은 달성하기 쉽지 않은 목표를 위해 열정과 동기를 심어주어야 한다.

감독이 되기 위한 과정

프로 감독이 되려면 8가지 단계를 거쳐야 한다. 리그앙이나 국가 대표팀을 훈련시키는 등 정상에 오르기 위해서는 부단히 노력해야 한다. 최고 감독은 고액 연봉을 받는다. 앞으로 어떤 일이 일어날지 알 수 없기 때문이다. 잉글랜드의 경우, 몇몇 감독들은 그들이 훈련시키는 선수들보다 더 많이 받기도 한다. 그들은 연간 수십만 유로를 받는다.

프로 감독

프로 감독은 선수들을 뽑고 팀을 구성하며 훈련 프로그램을 짠다. 또한 경기에 나갈 선수를 고르고 경기를 관리하며 교체 선수를 결정한다. 하지만 감독은 언론과 구단주, 주주들을 상대로 경기 결과에 대해 답을 해야 한다. 게다가 그는 모든 상황에서 의연함을 유지해야 한다. 한 사람이 짊어지기에는 너무 많은 일이다.

심판

13세부터

당신이 좋은 선수든 아니든, 13세부터 심판을 시작할 수 있다. 그러려면 리그 또는 지역 축구 리그에 연락을 해야 한다. 심판 위원회는 지원서와 규정집을 보내준다. 심판이 되기 위해서는 그 규정을 잘 공부해야 한다. 지원자는 여러 번의 회기에 걸쳐 경기 규칙에 대한 지식을 평가하는 이론 시험을 치른다. 다음 단계로 진행하려면 이론 시험에 합격해야 한다. 두 번째 단계는 실기 시험이다. 지원자는 경기 심판을 보고 그 경기 중에 실기 평가를 받는다. 완벽하게 경기 규칙을 적용하게 되면 지원자는 증명서를 받게 된다. 마지막으로 지정된 의사에게 스포츠에 적합한 신체 상태인지 확인을 받아야 한다.

기나긴 수련 기간

매년 젊은 심판들은 감독을 받고, 평가를 받는다. 다음 단계에 진출하려면 시험을 통과해야 한다. 지역 2 리그, 지역 1 리그, 리그2, 리그앙, 연맹 심판(5개 레벨), 그리고 국제 심판까지 여러 개 단계가 있다. 일부 심판들은 부심으로 자신의 진로를 전문화할 수도 있는데, 부심에는 리그 부심, 연맹 부심(3개 레벨), 그리고 국제 부심이 있다. 각 국가에서 뛰어난 심판들은 국제 심판이 된다. 그들은 유럽, 아프리카, 남미 컵에 참가하고 전 세계를 돌아다니며 심판을 본다.

보수

처음 심판이 되면 출장비가 포함된 약간의 비용을 받는다. 단계가 올라갈수록 비용도 올라간다. 유럽 1부 리그 심판 보수는 1년에 8만 유로에서 14만 유로 정도이다.

팀 주치의

팀의 주장

빅 클럽에는 팀 주치의가 있다. 그는 물리 치료사, 영양사, 때로는 심리학자를 포함하는 소규모 의료 스태프를 관리한다. 주치의는 새로운 선수의 계약에도 관여한다. 전문가와 함께 건강 상태를 확인해야 하기 때문이다. 시즌 내내 팀 주치의는 선수가 부상을 입거나 아플 때마다 선수를 관리한다. 그리고 연 2회 또는 3회 메디컬 테스트를 실시하여 각 선수들 몸 상태를 확인한다. 테스트 결과에 따라 팀 주치의는 감독과 함께 휴식을 할지, 다른 훈련 방법을 할지, 또는 적절한 식이 요법이 필요한지 등 선수의 상황에 맞는 결정을 내린다.

긴 학업 과정

팀 주치의가 되려면 먼저 좋은 학생이 되어야 한다. 대학 입학 자격시험을 치고 일반의(9년 과정)를 거쳐 스포츠 의학 전문의(2년 과정) 자격증을 따야 한다. 대부분의 의사들은 클럽 밖이나 병원, 또는 프리랜서와 같이 진료를 본다. 면허를 얻기 위한 학생들을 감독하는 사람이 바로 그들이다. 좋은 팀 주치의가 되려면, 부지런히 실습해야 한다. 이것이 병리학적 문제를 이해하고 그 문제를 예방하는 가장 좋은 방법이다.

물리치료사

데일리 케어

선수들은 거의 매일 팀 물리치료사의 치료를 받는다. 정밀한 기계와 같은 선수의 몸은 많은 관심이 필요하다. 치료보다 예방하는 것이 낫다. 근육은 운동 전에 워밍업이 되고, 운동 후에는 이완 되어야 한다. 근육통을 완화하기 위해 그라운드에서 유명한 크라이오테라피(한냉요법)를 실시하는 물리치료사는 뼈(골절, 접질림), 근육(위축, 이완 염증…) 또는 힘줄(건염)을 다친 선수들을 매주 치료한다.

끝없는 공부

클럽에는 여러 명의 물리치료사가 있다. 일부는 직원이고 일부는 밖에서도 일한다. 물리치료사는 취업이 잘 되지만, 그러기 위해서는 물론 스포츠와 관련된 외상성 장해에 대한 지식과 새로운 기술을 끊임없이 익혀야 한다. 졸업장을 취득하려면 3년 동안 공부해야 하고 입학시험이 어렵기 때문에 1년의 준비과정이 필요하다. 또한 정골의학을 전공하는 것도 가능하다.

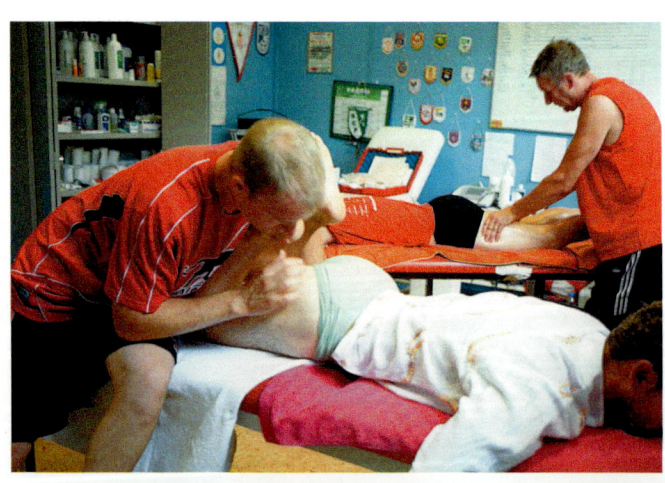

영양사

건강한 몸

각 선수는 최적의 방법으로 다루어야 하는 깨지기 쉬운 '기계'와 같다. 포뮬러 1 자동차에 최고 연료를 주입하듯이, 최고 선수는 가능한 한 가장 날카로운 몸 상태를 갖고 부상을 예방할 수 있도록 가장 좋은 식단이 필요하다.

적절한 메뉴

팀 주치의 동의하에 영양사는 각 선수의 신체와 상태, 체중 등에 따라 적절한 메뉴를 만들어야 한다. 이동할 때, 선수들이 먹을 식당에서 준비해야 할 메뉴를 전달하는 것도 영양사 역할이다.

교육

영양사는 또한 그가 설정한 식단을 설명하고 변론할 수 있어야 한다. 선수가 박탈감이나 소외감을 느끼지 않아야 하기 때문이다. 양질의 교육을 받으려면 영양학 BTS(전문 기술 자격증)와 영양학을 선택할 수 있는 생명 공학 DUT(기술 전문대학 수료증) 학위를 선택할 수 있다.

스포츠 트레이너

다양한 업무

시즌 초의 업무와 시즌 중간의 업무는 같지 않다. 여름과 겨울의 휴식이 지나면 신체 상태를 회복해야 한다. 훈련을 2주만 쉬어도 속도나 지구력과 같은 체력을 잃어버리기 쉽다. 평균 상태의 선수는 좋은 선수가 아니다. 선수 기술과 전술적 감각은 선수 체력과 긴밀하게 연결되어 있다. 신체 상태 회복은 팀의 건강을 위한 가장 기초적인 요소이다. 따라서 스포츠 트레이너는 경기 주기와 각 경기 성적에 따라 팀 훈련을 조절한다.

능력과 엄격함

스포츠 트레이너는 결정적인 경기의 준비 여부에 따라 팀을 이기게 할 수도, 지게 할 수도 있다. 따라서 스포츠 트레이너는 까다롭고 섬세한 직업이다. 해부학과 생물학, 생리학을 잘 알아야 한다. 스포츠 트레이너가 되려면, BEES(스포츠 교육자 국가 자격증)를 따거나 EPS(체육 과목) 선생님이어야 한다. 그 후 1년 동안 유럽 자격증을 취득할 수 있다.

심리학자

안정과 평정

수많은 경기, 지옥과 같은 스케줄, 스트레스,
미디어의 존재, 선발에 뽑혀야 한다는 부담감,
의심과 패배는 기술이나 신체적인 문제 없이도
선수들의 성적을 떨어뜨리는 요소가 된다. 바로
이때 심리학자가 선수들의 행동을 분석하고
선수들이 평정과 안정을 찾도록 도와준다.
평정과 안정은 프로 선수들에게 필수적인
2가지 자세이다.

인간 본성을 이해하다

신체와 정신을 분리할 수 없는 것처럼, 많은
클럽은 심리학자와 스포츠 트레이너를 같이
고용한다. 심리학자는 인간 행동을 연구하고
인간 본성을 이해하여 그 지식을 스포츠와
연결할 수 있어야 한다. 인간 과학에 대한
연구는 심리학과 학위와 연결된다.

언론, 홍보 담당관

끊임없는 취재 요청

클럽, 임원, 감독, 그리고 선수들은 항상 언론의
취재 요청을 받는다. 그렇기 때문에 클럽은
언론의 요청과 적절한 인터뷰를 주선할 임무를
맡는 언론 담당자를 고용한다.

중요한 정보

언론 담당관은 언론을 상대로 대변인의 역할도
한다. 이를 위해 기자회견을 열고, 스카우트,
퇴출, 영입과 같은 중요한 정보를 전달한다.
따라서 언론 담당관의 역할은 클럽에서
전달하는 정보가 사실이고 적절한 시기에
적절하게 언론에 전달되었는지 확인하는
것이다. 또한 언론 담당관은 너무 호기심이
많은 언론사에게 혼란을 주기 위해 잘못된
정보를 주기도 한다. 언론 담당관 관련 학위가
있다.

스포츠 기자

신문 또는 방송

축구 클럽에서 일하는 직업은 아니지만 클럽과 매우 가까운 직업이다. 이 스포츠 전문가는 재미있는 직업인 동시에 제한적이다. 펜을 휘두르는 걸 좋아한다면 신문사로 가고, 마이크 앞에서 이야기하는 게 문제가 되지 않는다면 라디오나 방송국을 선택할 것이다. 하지만 거의 뽑지 않는다. 기자가 되기 위해서 고등 교육을 받고 저널리즘 학교에 등록해야 한다.

독립성과 객관성

스포츠 기자로부터 나온 말과 글은 결코 중립적이지 않다. 그의 판단, 평가, 논평은 종종 진실로 간주된다. 축구는 스포츠, 경제, 심지어 정치적인 압력을 받는다. 기자는 독립성과 객관성을 지켜야 하며, 또한 뚝심이 있어야 한다.

보고 듣기

스포츠 기자는 자신이 추측한 내용이 아니라 자신이 보고, 들은 것을 연결할 줄 알아야 한다. 또한 기자는 선수의 성적을 판단하고 합당한 경우 비판할 수 있다. 하지만 그것은 항상 쉬운 일은 아니다. 특히 기자와 선수가 친밀한 관계에 있다면.

마케팅 담당

상당한 지출

클럽은 엄청난 비용을 지출한다. 경기장 유지비, 선수들의 이동, 장비와 공, 특히 선수들의 연봉. 홈경기 경기장 입장료만 가지고서는 충분하지 않다. 따라서 클럽은 다른 수입원을 찾아야 한다. 스폰서와 텔레비전이 상당 부분을 지원하지만 아직 충분하지 않다.

광고와 파생 상품

예산의 균형을 맞추기 위해, 클럽은 마케팅 담당자가 필요하다. 그는 클럽과 관련된 상품(유니폼, 스카프, 옷)을 만들고 판매하고 이는 클럽 수입원 중 하나가 된다. 또한 클럽 브랜드로 상점, 심지어 운전 학원, 레스토랑, 미용실을 열기도 한다. 마지막으로 경기장 대관을 관리하고 광고주를 찾는다. 마케팅 담당자는 비즈니스 감각을 소유하고 있어야 하고 엄격함과 대담함을 지녀야 한다. 경영 학교 졸업자가 이 직책에 지원할 수 있다.

유용한 상식

프로를 향한 여정

축구 교실 훈련에 꾸준히 참석하고, 그라운드에서 두각을 나타내며 코치가 보기에 미래의 프로 선수가 될 재능이 있다고 생각하는가? 그렇다면 프로를 향한 여러 가지 가능성이 있다. 11살부터 학업과 축구를 양립할 수 있는 조직에 들어갈 수 있다. 그다음으로, 프로 팀에 들어갈 때까지 여러 가지 옵션이 존재한다.

학교 스포츠 섹션(11세에서 14세까지: 중학교)

이 조직에 들어가려면, 축구 테스트로 구성된 평가를 거쳐야 하며 동시에 좋은 학교 성적이 필요하다. 집 근처에서 중학교와 가족, 클럽에서의 삶을 영위할 수 있는 훈련을 받을 수 있다. 학업 시간은 조정되고(훈련은 수업이 끝나고 진행된다) 연습은 균형을 이룬다. 자격을 갖춘 감독의 관리하에 훈련은 1주일에 3번에서 4번 이루어진다. 목표는 기술과 전략을 향상시키고 속도와 협동심과 같은 기초 체력(지구력 향상)을 기르는 것이다.

엘리트 스포츠 섹션(13세에서 14세까지: 중학교)

지역 리그 시험에 통과하고 나면, 적합한 교육을 받고 완전하고 일반적인 중학교 생활을 하게 된다. 삶에서의 균형을 유지하기 위함이다. 이제 높은 수준의 훈련을 받을 목적으로 조직된 클럽에서 경기를 한다. 또한 교육자로서의 교육도 준비하게 된다. 주당 3, 4회 훈련에 참석하고 메디컬 테스트도 정기적으로 받는다. 목표는 기술을 향상시키고, 집단 전술을 학습하며 운동 능력 개발이다.

기대주 센터

연맹의 보호하에 매우 유능한 젊은 선수를 준비시키고 너무 빨리 스카우트 당하지 않도록 선수들을 보호한다. 4개월간의 평가가 끝난 뒤, 그라운드, 숙소, 메디컬 및 심리 모니터링과 같은 양질의 인프라를 제공하는 기대주 센터에 가입할 수 있다. 센터, 학교, 가족, 그리고 클럽 간의 균형이 유지된다. 프로 레벨까지 준비하기 위하여 매주 5번의 훈련에 참석한다. 목표는 기술, 협동심, 속도 등을 평가하기 위함이다.

지역 스포츠 섹션(15세에서 18세: 고등학교)

이 조직에 들어가려면 지역 리그가 주최하는 시험에 통과해야 하고 입학위원회 승인을 받아야 한다. 고등학교에서는 일반 또는 직업 과정을 충실히 따른다. 지역 스포츠 섹션에서는 국가 수준의 클럽에서 훈련을 하는 것이고, 장차 더 높은 수준의 훈련을 받기 위해 준비하는 것이다. 적절한 환경에서 수준 높은 지도자의 지도하에 훈련을 받는다. 목표는 기술(기본적인 동작에서 전문적인 동작까지), 팀플레이를 위한 전술 및 능력, 체력(청소년의 능력에서 최고 수준의 운동선수 능력까지) 향상이다.

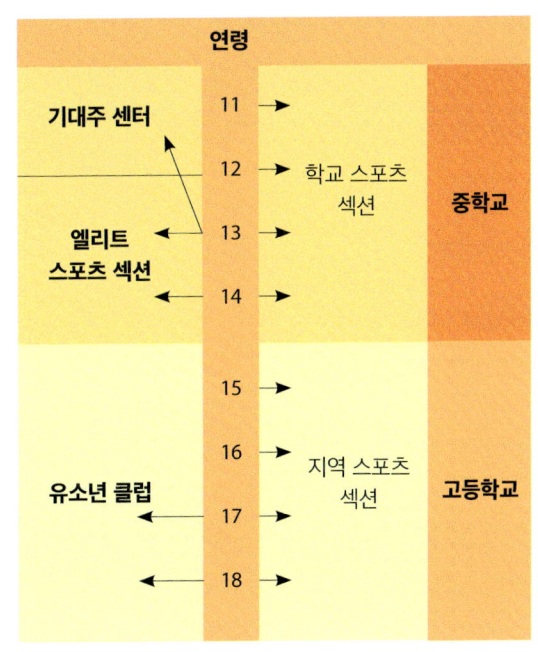

	연령		
기대주 센터	11 →		
	12 →	학교 스포츠 섹션	중학교
엘리트 스포츠 섹션	13 →		
	14 ←		
	15 →		
	16 →	지역 스포츠 섹션	고등학교
유소년 클럽	17 ←		
	18 ←		

유소년 클럽 (15세에서 19세까지)

빅클럽에서는 유소년 클럽을 운영한다. 유소년 클럽에 들어가기 위해서는 훌륭한 축구 능력을 가져야 하며 스카우터 눈에 띄어야 한다. 클럽은 프로로 진출하려는 젊은 선수들을 육성하고 최고 수준 레벨에서 필요한 사항에 익숙해지도록 교육한다. 물론 성공 또는 실패할 수도 있다. 유소년 클럽의 또 다른 목적은 선수들이 졸업장을 취득하는 것과 가족들 기대에 부응하며 젊은 선수들을 꽃피우는 데 있다. 유소년 클럽이 프로 세계로 진출하는 데 중요한 길목이기는 하지만, 의무는 아니다. 몇몇 유명한 선수들은 20세 또는 20세가 넘어서 바로 클럽에 스카우트되었기 때문이다.

프로 팀과 친하게 지낼 기회

유소년 클럽에서 훈련을 하면 같은 클럽의 젊은 선수들과 한 팀이 되어 경기를 뛰고, 때때로 프로 팀과 함께 훈련하고 평소에 존경하던 선수와 친하게 지낼 기회를 갖게 된다. 그런 상황에서도 냉정을 유지하고 더 열심히 훈련해야 한다.

실패할 위험

모든 유소년들이 프로 팀에 진출할 수 있는 건 아니다. 몇몇 선수들은 클럽을 떠나 소규모 팀이나 아마추어 팀에 합류하며 다른 방향으로 커리어를 쌓아야 될지도 모른다. 그렇다고 이것이 전의를 상실할 이유가 되지는 않는다. 한편으로는 그러한 클럽에서 훌륭한 경력을 쌓을 수 있고 다른 한 편으로는 신체와 기술 능력이 꽃을 피우는 데 필요한 시간이 지나면 프로 팀의 눈에 띄고 스카우트될 수 있다.

여러 다른 자격

유소년 클럽에서는 나이와 레벨에 따라서 계약서가 달라진다.

• 견습생: 나이는 16세 또는 17세이고 학교 과정을 다 이수해야 한다. 축구 선수로서의 경력을 준비하기 위해 일반적이고 실용적인 훈련을 받았다. 유소년 클럽과 견습생을 위한 훈련에 참석한다. 또한 축구 직업에 대한 CAP(직업 자격증)에 등록되어 있다. 견습생 계약은 2년이다.

• 연수생: 나이는 18세 또는 19세이고 견습생 또는 지망생 교육을 마쳤다. 아마추어 클럽으로부터 유소년 클럽에 와서 교육을 시작할 수도 있다. 인턴십 기간 동안 클럽이 제시하는 모든 지침을 따를 의무가 있다. 다른 클럽으로 임시적으로 이적(최대 1년)이 될 수도 있다. 인턴십 계약은 17세 미만일 경우 2년, 17세와 18세일 경우 1년이다.

• 지망생: 나이는 16세 또는 17세이며, 학교 과정을 다 이수해야 한다. 프로 선수로서 커리어를 준비하고 있다. 유소년 클럽은 직종 변경을 위한 졸업장으로 이어지는 직업 교육을 제공할 의무가 있다. 계약서는 17세 미만일 경우 2년, 18세 미만일 경우 1년이다.

프로 선수되기

열정과 꿈이 직업이 되었다는 점에서 같은 나이 또래 다른 친구들보다 운이 좋다고 할 수 있다.

프로 선수 계약서

클럽에서 프로 선수로 고용되었다면, 권리와 의무를 언급한 계약서에 서명을 하게 될 것이다. 견습생, 지망생 또는 연수생의 첫 계약서일 경우, 기간은 3시즌으로 고정된다. 아마추어 랭킹 출신 또는 외국에서 온 20세 선수는 자유 기간 계약서에 서명할 수 있다. 프로 선수는 자신이 뛰고 있는 클럽이 속한 국가에서 유효한 고용법에 따른다. 선수는 클럽 재량권하에 있고 클럽이 부를 때에 반드시 응해야 한다. 그는 직원이기 때문에 기업, 즉 클럽 내부 규칙을 준수해야 한다.

보수

프로 선수는 고정 급여와 성과급을 받는다. 또한 예외적인 경우(예선전 통과, 컵 우승…) 특별 수당을 받을 수 있다. 게다가 숙소와 자동차 제공과 같은 다른 혜택도 누린다.

이적

프로 선수는 일시적으로 다른 클럽(최대 1년)으로 이동할 수 있다. 또한 계약이 끝날 때, 계약 중에 이적 대상이 될 수 있다. 이러한 경우 선수가 이적한 클럽은 계약 종료로 인한 이적료를 지불해야 한다. 선수와 에이전트도 이적료에 대한 커미션을 받는다.

선수 주변에는 사람이 많다

시즌이 시작할 때 집중적으로 체력 준비를 하고 시즌이 진행됨에 따라 강도는 약해진다. 그런 다음 동작과 기술에 대한 기본 사항을 반복해서 익혀야 한다.

감독은 움직임, 세트 피스, 공격, 수비와 같은 전략 회의를 준비한다. 감독은 전략을 실행하고 여러 다른 전술을 시도해본다. 이 모든 일은 다음 경기를 위해 팀을 구상하는 데 도움이 된다.

프로 선수 신체는 매우 중요하다. 따라서 물리치료사는 거의 매일 정기적으로 선수를 치료한다. 클럽 모든 의료진들은 선수를 위해 준비되어 있다.

축구는 경기 전후와 마찬가지로 훈련이 끝난 뒤에도 대중적인 수요가 매우 높은 스포츠이다. 클럽은 때때로 언론과의 만남을 담당하는 선수를 지정하는 순번을 만들기도 한다. 기자들과 대화하는 일은 항상 쉽지는 않다. 남들보다 잘하는 선수가 있지만, 이 일은 이제 직업의 일부가 되었다.

이동

시즌 동안 2경기 중 1경기는 외부에서 치러진다. 때로는 몇 km 떨어진 곳에서 진행될 수도 있지만 훨씬 더 먼 곳에서 진행되는 경우가 대부분이다.

항상 이동한다

경기 중요도에 따라, 경기 전날 또는 경기 당일 이동을 한다. 단거리는 버스로, 장거리는 비행기로 움직인다. 선수들과 기술 스텝은 경기 전에 호텔에 체크인해서 휴식을 취하며 식사를 한다. 팀은 킥오프 2시간 전 경기장에 도착해서 분위기를 확인하고 그라운드 상태를 체크하고(스파이크를 선택하기 위함이다), 유니폼을 입고 워밍업을 한다. 주로 경기가 끝난 그날 저녁에 돌아가지만 호텔에서 밤을 보내고 다음 날 출발하는 경우도 있다.

유니폼 색깔

이동할 때는 선수들도 이동하지만 공, 물병, 유니폼과 같은 물건들도 함께 이동한다. 원정팀은 일반적으로 경기 전에 홈팀에게 유니폼 색깔을 공지한다. 유니폼 색깔이 매우 유사할 경우, 원정팀이 유니폼을 바꿔야 한다.

휴식

월드컵 결승전과 같은 매우 중요한 경기뿐만 아니라 어려운 팀을 맞이하거나 팀을 재정비하기 위해서 감독은 휴식을 결정할 수 있다. 팀은 2일 또는 그 이상의 시간 동안 훈련 센터에 격리된다.

첫 선발

16세 미만 클럽에 선발되었다고 해서, 언젠가 A 대표팀으로 뽑히는 것은 아니다. 그 길을 가는 여정에는 외부로부터 오는 유혹, 컨디션 난조, 경쟁자와 같은 복병이 도사리고 있다. 또한 유소년 클럽을 한 번도 경험해보지 않은 선수가 프로 팀에 뽑히고 심지어 월드컵에 나가는 경우도 있다. 15세부터 국가대표팀 유니폼을 입을 수 있다.

다음은 국가대표 선발 기준이다.

유소년 남자	유소년 여자
16세 미만	
17세 미만	17세 미만
18세 미만	19세 미만
19세 미만	
20세	
기대주	A 대표팀
A 대표팀	

은퇴 후

축구 선수 커리어는 짧다. 프로 선수가 되는 행운을 잡는다 해도 미래를 일찍부터 생각해야 한다. 졸업장을 따고, 축구계나 다른 곳에서 직업을 바꿀 수도 있다. 어쨌든 돈을 함부로 쓰지 말고 현명하게 투자해야 한다. 축구계에 머물고 싶으면 할 수 있는 다른 직업으로는 심판, 감독, 선수 에이전트, 클럽 에이전트, 스포츠 용품 회사, 기자 등이 있다.

프로 클럽

축구에서 프로 클럽은 수백 명 직원이 일할 수 있는 실제 회사이다.

조직도

회장부터 경기장 경비원까지 클럽은 활동에 필요한 각 분야 사람들을 고용한다. 선수 주변에는 전문가들이 포진해 있다. 그들은 자신의 분야에서 팀의 성공을 위해 공헌한다.

행정 부서

클럽은 자국의 모든 행정 및 재정 규정을 존중해야 한다. 행정 부서는 엄격하게 회계를 관리하고 선수의 계약과 급여를 완벽하게 관리해야 한다. 클럽의 수입과 지출의 균형을 유지해야 한다. 또한 행정 부서는 라이선스 설정과 규칙 준수를 위한 프로 리그와 클럽 간의 연결고리이다.

스포츠 부서

스포츠 부서는 클럽에서 가장 잘 알려진 부서이다. 모든 스포츠 정책을 담당하는 클럽의 첫 번째 감독이기도 하다. 그리고 전체 코치진의 수장이기도 하다. 프로 팀의 경우, 보조와 스포츠 트레이너가 스포츠 부서에 협력한다.

회장			
사장			
행정 부서 부장 회계 비서	**스포츠 부서** 부장 프로팀 트레이너 보조 트레이너 2군 트레이너 유소년 트레이너	**의료진** 팀 닥터 물리치료사 정골의사 심리학자	**마케팅 부서** 부장 티켓 파생상품
기술 부서 부장 설비 시설 경기장 운송	**보안 부서** 부장 조사관 경기장 보안 담당	**유소년 클럽** 센터장 스포츠 담당 생활 담당 학업 담당	**스카우터**

의료 스태프

프로 선수 몸은 수요가 매우 높다. 그들은 매우 집중적인 훈련을 받고 3일마다 경기를 한다. 따라서 그들은 자주 치료를 받을 필요가 있다. 프로 클럽은 전용 팀 닥터와 물리치료사, 정골 의사, 때로는 심리학자를 고용한다.

서포터스

서포터스는 매우 적극적으로 클럽 활동에 참여한다. 회원들이 속해 있는 여러 협회는 클럽을 중심으로 운영된다. 팀을 응원하고 원정 경기에 참여하고, 경기장에 입장한다. 일부 서포터스는 프로 클럽의 활동과 연결되어 있고, 경기장 안전에 적극적으로 참여한다. 또한 선수들은 서포터스와 정기적으로 만남을 가진다.

스카우터

프로 클럽은 클럽에 적합한 선수를 찾는 일을 담당하는 한 명 이상의 스카우터를 고용한다. 그들은 전 세계 축구 선수를 관찰한다. 스카우터 결정은 스포츠 부서와 동시에 행정 부서에 달려 있는데, 좋은 선수는 때때로 너무 비싸기 때문이다.

전문 용어

경기 규칙: 전 세계에서 사용되는 축구 규칙으로는 17가지가 있다. 규칙은 끊임없이 변하고 있다.

골: 골포스트 사이와 크로스 바 아래 골라인을 완전히 넘어가는 공. 골대는 2개의 수직 기둥과 하나의 수평 막대로 구성되어 있다.

골키퍼의 전진: 공격수의 공격을 막기 위해 공격수 앞으로 나오는 골키퍼 행동. 골키퍼는 공중으로 튀어나올 수 있고 땅에서 전진할 수도 있다.

기술: 공을 다루는 데 있어 가장 기초가 되는 동작을 말한다. 컨트롤, 패스, 드리블, 공 몰기, 헤더, 슛은 필드 플레이어의 기술 동작이다.

도핑: 화학 약품을 흡입하여 신체 기능을 향상시키는 일을 말한다. 도핑은 금지되어 있다. 경기가 끝나고 도핑 검사가 이루어진다. 금지 약물을 복용한 선수는 징계를 받고 몇 년 동안 경기 출전 금지를 당할 수 있다.

발롱도르: 매년 모든 국가 기자들이 시즌 최고의 축구 선수를 투표한다. 가장 많은 표를 받은 선수는 발롱도르 상을 받는다. 축구 선수라면 누구나 탐내는 상이다.

슈팅: 슈팅을 하는 방법은 여러 가지가 있다. 발등, 뒤꿈치, 머리를 사용하고, 발리슛, 로빙, 오버헤드 킥 등이 있다.

승자: 축구 경기에서는 가장 골을 많이 넣은 팀이 승리한다. 동점인 경우 컵 대회에서는 연장전에서 승자를 가려내야 한다. 연장전이 끝나도 계속 동점이라면 심판이 승부차기를 진행한다. 5번 슈팅을 한 뒤에도 여전히 동점이면, 한 골을 놓치는 팀이 나올 때까지 계속 승부차기를 한다!

심판: 심판은 주심과 부심 2명, 4번째 심판 이렇게 총 4명이다. 심판은 경기 중 게임 에어리어와 교체 선수 벤치에 이르기까지 경기장 전 영역에서 경기 규칙을 준수하도록 감독해야 한다.

오프사이드: 현대 축구에서 가장 자주 위반하는 규칙이다. 공격수가 동료로부터 공을 받은 순간 부심이 정확한 공격수 위치를 가려내는 일은 매우 어렵다. 텔레비전과 슬로 모션으로 봤을 때 다른 의견이 있을지라도 심판 결정을 받아들여야 한다.

유니폼: 각 클럽은 매우 구별된 자신만의 색을 가지고 있다. 동일한 색 유니폼을 입는 팀을 만나는 데에 대비하여, 다른 색의 유니폼을 구비해야 한다. 프로 클럽은 상업적인 이유로 여러 색깔의 다양한 유니폼을 사용한다.

이적: 여름(2 시즌 사이)과 겨울 휴식기(시즌 중간)에 선수는 다른 클럽으로 이적할 수 있다. 이적을 하면 대부분 선수를 영입하는 클럽이 수많은 이적료를 지불한다. 이적하는 선수와 에이전트는 이적에 대한 커미션을 받는다.

작전: 선수가 공격이나 수비에 가담하는 단체 전술을 말한다. 예를 들어 감독이 실행하는 전술은 선수의 위치나 공격수의 수에 따라 달라진다.

잡아당기기: 유니폼을 잡아당기는 행위는 현대 축구의 해악 중 하나가 되었다. 추월당한 수비수는 정상적으로 움직이고 있는 상대 선수를 막기 위해 불법적인 방법을 너무나도 자주 사용한다.

존중: 관중석, 라커룸, 경기장에서 존중 없이 열리는 경쟁이란 존재하지 않는다. 좋은 선수란 동료와 상대 선수와 심판과 장비, 그리고 관중을 존중해야 한다. 또한 팬들은 팀을 비판할 수는 있지만, 선수와 선수의 정체성 그리고 선수의 피부색을 존중해야 한다.

차단: 공을 막거나 블로킹, 쳐내기, 펀칭과 같이 골대로부터 공을 멀리 떨어뜨리는 골키퍼 행동

카드: 선수에게 경고를 할 때 심판은 옐로카드를 주고, 선수를 퇴장시킬 때 레드카드를 준다. 또한 상대팀을 큰 점수 차이로 이겼을 때 팀이 카드를 받았다고 말하기도 한다.

클럽: 어릴 때부터 공식적으로 축구 경기를 하려면 선수 자격증에 계약하여 클럽에 가입해야 한다. 클럽은 장비, 시설, 공 등 팀과 관련된 모든 것들을 관리한다. 레벨에 따라 지역, 국가 또는 유럽 대회에 등록할 수 있다.

터치라인: 경기장 각 옆면에서 그라운드 가장자리를 이루는 긴 라인을 말한다. 또한 터치라인을 완전히 넘어서 그라운드 밖으로 나간 공을 말한다. 스로인은 터치라인에서 공을 다시 던지는 행동이다.

패스: 동료에게 공을 주는 동작. 발과 가슴, 머리로 패스를 한다. 패스는 정확해야 한다.

페널티 에어리어: 각 골대 앞 직사각형 구역으로 이곳에서 파울을 범하면 페널티 킥을 내준다. 이 구역에서만 골키퍼는 손으로 공을 다룰 수가 있다.

프로 선수: 프로 선수는 열정과 축구가 직업이 되어 경기를 하면서 돈을 받는 선수이다.

필드 플레이어: 한 팀에는 10명의 선수(공격수, 미드필더, 수비수)와 1명의 골키퍼가 있다.

훈련: 감독 지도하에 체력을 끌어올리고 개별 기술을 익히고 전술을 연구하는 준비 단계이다.

FIFA: 세계 축구를 관리하는 기관. FIFA는 월드컵과 같은 대회를 조직할 뿐만 아니라 공식적인 축구 경기 규칙 책임자이다.

UEFA: 유럽 축구를 감독하는 기관. 유럽 대륙에서 개최되는 모든 경기를 조직한다. 본부는 스위스 니옹에 있다.

VAR: VAR은 주심이 결정을 내리기 어려운 상황에서 주심을 돕기 위해 사용된다.

색인

사진과 그림의 저작권

Couverture

Illustrations et photographies sont numérotées de haut en bas.
Illustrations de Benjamin Flouw (ballon en p. 1),
Laurent Audouin (pour les enfants), Vincent Desplanche
(4g.5, 4g.7).
Photographies de Jokyball parisien (1.1), Pressesports
(1.2, 1.5, 4g.4), P. Gripe/Pressesports (1.3), B. Garcia (4g.1,
4g.6, 4g.8), asiseeit/iStock (1.4), Luttiau/L'Équipe (4g.2),
S. Lion/Pressesports (4g.3), S. Mantey/Pressesports (4d.1),
F. Fauchere/Pressesports (4d.2), Rondeau/Pressesports
(4d.3).

Photographies
Bernard Garcia
P. 91 (chaussures), 106-107, 108-109, 110-111, 112-113,
118, 120-121, 126-127, 131, 132-133, 134-135, 136, 140-
141, 142-143, 145, 146, 148-149, 150-151, 162-163, 164-
165, 167, 168-169, 172-172, 176-177, 180, 183, 186, 202,
218-219, 220 (중앙, 하단), 221, 230.

DPA/Photononstop
P. 21 (상단, 하단), 22 (상단), 23 (상단), 24 (중앙), 26 (상단), 28 (상단), 35
(상단), 36 (하단), 39 (상단), 43 (하단), 46 (상단), 47 (하단), 51 (상단), 52
(상단, 하단), 65 (상단, 중앙), 67 (상단), 68 (상단), 69 (상단), 71 (상단), 73
(하단), 74 (상단), 81 (상단, 중앙, 하단), 95 (좌측), 103 (하단), 124, 182,
197 (상단), 206.

iStock : p. 104-105 asiseeit.

Jorkyball parisien : p. 212 (좌측 중앙), 213 (상단, 하단).

Photononstop
P. 14 (상단, 하단) Mary Evans Picture Library ; p. 208-209
Fotosearch.

Pressesports
P. 6-7 Marc Atkins/Offside ; p. 10-11 Martin ; p. 12 L'Équipe ;
p. 15 Coll. Lionel Laget ; p. 16 (좌측 하단) Argenpress, (우측
하단) Pochat ; p. 17 (상단) Papon, (하단) Fablet ; p. 18 (상단)
Delorme, (중앙) Mantey, (하단) Bruno Charoy ; p. 19 (상단)
Rondeau, (하단) De Martignac ; p. 20 (상단) Alain Mounic,
(하단) Stacpolle/Offside ; p. 22 (하단) Stéphane Reix ; p. 23
(하단) Alex Martin ; p. 24 (상단) Prevost/L'Équipe ; p. 25 (상단)
De Martignac, (하단) Rondeau ; p. 26 (하단) Lahalle ; p. 26-27
P. Lahalle ; p. 27 (하단) Dominique Vautrin ; p. 28 (하단) Pics
United ; p. 31 (상단) Lecoq (하단) Fablet ; p. 29 (하단) l'Équipe ;
p. 31 (하단) Fablet ; p. 30-31 Alain Mounic ; p. 32 Simon
Stacpoole/Offside ; p. 33 Deschamps/L'Équipe ; p. 34 (상단)
Greg M. Cooper/US Presswire, (하단) Richiarni ; p. 35 (하단)
Richiarni ; p. 36 (상단) José Luis Cuesta/Cordon ; p. 37 (상단)
Rondeau, (하단) Pics United ; p. 38 (상단) Pics United, (하단)
UweSpeck/Witters ; p. 39 (하단) Valeria Witters/Witters ;
p. 40 (상단) Pichon/L'Équipe, (중앙) Marc Atkins/Offside,
(하단) Rondeau/L'Équipe ; p. 41 (상단) Martin, (중앙) Minier,
(하단) Lecoq ; p. 42 (상단) Mantey/L'Équipe, (하단) Olivier
Douliery ; p. 43 (상단) Simon Stacpoole/Offside ; p. 44 (상단)
Alain Mounic, (좌측 하단) Didier Fevre/L'Équipe, (우측 하단)
Bernard Papon ; p. 45 (상단) Sébastien Boue/L'Équipe, (하단)
Pichon ; p. 46 (하단) L'Équipe ; p. 47 (상단) De Martignac, (중앙)
Martin/L'Équipe ; p. 48-49 Luttiau/L'Équipe ; p. 50-51 Lefty
Shivambu/Gallo images ; p. 51 (하단) Valeria Witters/Witters ;
p. 53 (상단) Deschamps, (중앙) L'Équipe, (하단) Fevre/L'Équipe ;
p. 54 (상단) Gabriel Piko/Piko, (하단) Pics United ; p. 55 (상단)
Fel, (중앙) Mao, (하단) Alain Grosclaude/L'Équipe ; p. 56
(상단) Iko/Argenpress ; p. 57 (상단) Mauro Horita/ AGIF, (하단)
Bertrand Mahe/L'Équipe ; p. 58-59 L'Équipe ; p. 60 Martin ;
p. 61 Fond Excelsior ; p. 62 (상단) Lionel Laget, (하단) Fond
Excelsior ; p. 63 Ivo Felsineo/IPP ; p. 64 (상단, 하단) Fonds
parisien, (중앙) L'Équipe ; p. 65 (하단) L'Équipe ; p. 66 (상단, 중앙)
Lecoq, (좌측 하단) Fonds parisien, (우측 하단) L'Équipe ; p. 67 (좌측
하단) L'Équipe ; p. 67 (우측 하단), p. 68 (중앙) L'Équipe ; p. 68
(하단), p. 69 (중앙) L'Équipe ; p. 70 (상단, 중앙, 하단) L'Équipe ; p. 71
(하단) L'Équipe ; p. 72 (상단, 중앙) Boutroux/ Legros/Pichon, (하단)
Lecoq ; p. 73 (상단) Landrain, (중앙) Pichon ; p. 74 (중앙) Lecoq,
(하단) De Martignac ; p. 75 (상단) Boutroux, (하단) Martin ; p. 76
(상단) Boutroux, (좌측 중앙) Fevre, (우측 중앙) De Martignac ;
p. 77 (상단) De Martignac, (하단) Richardi Foto ; p. 78 (상단)
Bob van den Guijsem/Pics United, (중앙) Richiardi Foto, (좌측
하단) Martin, (우측 하단) Piko Argenpress ; p. 79 (상단) Fel, (좌측
하단) Sportphoto agency/Pics United, (우측 하단) Edwin Van
Zandvoort/ Pics United ; p. 80 (상단) Gabriel Piko/Piko, (중앙)
Cezaro/EXPA, (하단) Shajor/Piko ; p. 82 (상단) Michael Chow/
USA Today Sports, (하단) Erich Schlegel/USA Today sports ;
p. 83 (상단) Laurent Argueyrolles, (하단) Stéphane Mantey ;
p. 84-85 Alexis Reau ; p. 86 Fevre ; p. 87 (상단) Lahalle, (하단)
Luttiau ; p. 88 Fred Mons ; p. 89 Boutroux ; p. 90 (상단) Martin,
(하단) Luttiau ; p. 92 Mantey ; p. 93 Patrick Gripe ; p. 94 (상단)
Boutroux, (하단) Lahalle ; p. 95 (우측) Rondeau ; p. 96 Matthias
Hangst/Witters ; p. 97 Jean-Yves Ruszniewski ; p. 98 (상단,
하단) Lahalle ; p. 99 (상단) Mao, (하단) Martin ; p. 100 (상단) Fel,
(하단) Lahalle/L'Équipe ; p. 101 Lahalle ; p. 102 Glyn Thomas ;
p. 103 (상단) Romain Perrocheau ; p. 116-117 Sam Lion ;
p. 125 Papon/L'équipe ; p. 130 Boutroux ; p. 138-139 Mark
Leech/Offside ; p. 153 Mantey ; p. 156 Martin ; p. 157 Cordon
Press/Enric Fontcuberta ; p. 160-161 Franck Faugere ; p. 187
Alexis Reau ; p. 188 Sam Lion ; p. 189 Lahalle ; p. 190-191
Simon Stacpoole/Offside ; p. 192 Mounic ; p. 193 (좌측 상단)
Lecoq, (우측 상단) Boutroux, (좌측 중앙 상단, 좌측 중앙 하단) L'Équipe,
(우측 중앙 상단) Landrain, (우측 중앙 하단, 좌측 하단)Lahalle, (우측 하단)
Nataf ; p. 194 (상단) Fonds Parisien, (하단) Fevre ; p. 195, p. 196
Papon ; p. 197 (하단) Roy Beardsworth/Offside ; p. 198 (상단)
Lahalle, (좌측 하단) Felix Golesi, (우측 하단) L'Équipe/Mons ; p. 199
(우측 상단) Lahalle, (좌측 중앙) Luttiau, (우측 하단) AS/Cordon ;
p. 204 Lahalle ; p. 210 (상단) Nataf ; p. 210 (하단), p. 211 (상단,
하단) Lahalle ; p. 211 (중앙) Nataf ; p. 214 (상단, 하단), p. 215 (상단,
하단) Caron ; p. 216, p. 217 (상단, 하단) Gilles Favier ; p. 220 (상단)

Boutroux ; p. 227 Corinne Dubreuil ; p. 228 De Martignac ;
p. 231 Landrain ; p. 232 Ludovic Careme ; p. 233 Lahalle ;
p. 234 Alex Martin ; p. 235 Mounic.

D.R : p. 212 (하단).

Illustrations
Les illustrations sont de **Laurent Audoin** sauf **Benjamin
Flouw** (pour le ballon en p.1) et :

Vincent Desplanche
P. 86-87, p. 88-89, p. 95, p. 97, p. 100, p. 109, p. 119,

p. 124-125, p. 127, p. 130-131, p. 136-137, p. 141,
p. 144-145, p. 147, p. 149, p. 152-151, p. 156-157, p. 164,
p. 172-173, p. 176-177, p. 180-181, p. 182-183, p. 186-187,
p. 188-189, p. 195, p. 200 (우측 상단, 중앙, 하단), p. 201, p. 202,
p. 203 (우측 상단, 중앙, 하단), p. 204 (하단), p. 205, p. 206-207.

Jean-Pierre Joblin
P. 16-17.